U0454143

北京市自然科学基金资助项目

基于复合知识挖掘的北京市人口膨胀趋势预测方法研究

〔 沈 巍　宋玉坤 ◆ 著 〕

JIYU FUHE ZHISHI WAJUE DE
BEIJINGSHI RENKOU PENGZHANG QUSHI
YUCE FANGFA YANJIU

知识产权出版社
全国百佳图书出版单位

图书在版编目（CIP）数据

基于复合知识挖掘的北京市人口膨胀趋势预测方法研究/沈巍，宋玉坤著. —北京：知识产权出版社，2016.3

ISBN 978-7-5130-3991-8

Ⅰ.①基… Ⅱ.①沈…②宋… Ⅲ.①人口增长—人口预测—方法—研究—北京市 Ⅳ.①C924.24

中国版本图书馆 CIP 数据核字（2015）第 304317 号

内容提要

本书全面考虑对北京市人口增长有重要影响的定性类知识性影响因素，研究建立了包含数据库、文本库、推理规则库和经验知识库的复合知识库。利用库中知识性因素动态调整数量化因素在预测中产生的误差，挖掘出与预测目标高度相似的新的历史数据作为输入数据，从而形成一种基于复合知识挖掘的新的建模预处理技术；研究神经网络优化技术和决策树嵌入神经网络技术，建立能同时处理定量和定性影响因素的基于复合知识挖掘的智能优化神经网络预测模型。

责任编辑：刘雅溪　　　　　　　　　　　　　**责任出版：孙婷婷**

基于复合知识挖掘的北京市人口膨胀趋势预测方法研究
沈　巍　宋玉坤　著

出版发行：知识产权出版社 有限责任公司	网　　址：http：//www.ipph.cn
社　　址：北京市海淀区西外太平庄 55 号	邮　　编：100081
责编电话：010-82000860 转 8128	责编邮箱：372584534@qq.com
发行电话：010-82000860 转 8101/8102	发行传真：010-82000893/82005070/82000270
印　　刷：北京中献拓方科技发展有限公司	经　　销：各大网上书店、新华书店及相关专业书店
开　　本：787mm×1092mm　1/16	印　　张：11.75
版　　次：2016 年 3 月第 1 版	印　　次：2016 年 3 月第 1 次印刷
字　　数：220 千字	定　　价：38.00 元

ISBN 978-7-5130-3991-8

出版权专有　侵权必究
如有印装质量问题，本社负责调换。

前　言

　　随着我国经济的不断发展和城市化进程的加快，农村人口不断涌入城市，我国大中城市人口近10年间呈现爆炸式增长。据北京市相关人口统计资料显示：2003年北京市人口总数为1150万左右，其中居住半年以上的常住外来人口数为300万左右；但到了2013年，北京市人口总数迅速增长至2115万左右，其中外来常住人口数高达800万左右。10年间，北京市人口激增了1000万左右，其中外来人口增长了500万左右。

　　快速增长的城市人口给城市的交通、供水、供电、垃圾处理、住房等方面带来了巨大压力，如何准确预测城市人口增长并在此基础上对城市人口进行合理调控和管理，就成为我国大中城市需要面对和亟待解决的问题。

　　目前，在我国大中城市人口预测领域，使用的预测模型主要是统计类预测模型。运用统计类预测模型对我国大中城市人口增长进行预测，存在的局限性主要体现在以下两个方面：首先，统计类预测模型要求输入的数据要有足够的数量且连续完整，分布合理。而我国大中城市在最近十年间由于涌入大量的外来人口，人口增长趋势呈现出爆炸式且不稳定的特点，统计数据很难做到真实完整和分布合理。其次，统计类预测模型输入的数据均为数量化影响因素，而在在实际的大中城市人口增长中，存在很多非数量化的文本类知识性因素，比如人口政策、城市化进程、环境因素等。这些因素对大中城市人口的增长有重要的影响作用，但是，运用统计类预测模型无法将这一类重要的影响因素输入进去。上述两个方面的局限性，导致运用统计类预测模型对我国大中城市人口进行预测时预测的结果存在较大误差，预测精度较低。

　　本文在对北京市人口增长特点、影响因素深入分析的基础上，运用数据挖掘方法和文本知识挖掘方法对影响北京市人口增长的数量化影响因素和非数量化文本类知识因素进行了深入挖掘，在此基础上构建了基于复合知识挖掘的北京市人口增长预测模型，并运用该模型对北京市未来的人口增长进行了预测。

本书得到了北京市自然科学基金的大力支持，在此表示感谢。本书由沈巍统稿，宋玉坤协助，编撰全部章节；刘慧丽参与第 2 章部分编撰工作；武鑫参与第 5 章部分编撰工作。本书的完成还得到了滑福宇、付明等同学的热情帮助，在此一并表示感谢。

希望通过本书的研究，能在预测方法上有所创新和突破，能够较大幅度提高我国大中城市人口预测精度，为北京市人口合理增长和调控贡献力量。

目　录

第1章 绪 论

1.1 研究背景及意义

1.1.1 研究背景

　　自工业革命以来，由于科学技术的进步、医疗条件的改善和生活水平的提高，全球人口迅猛增长。据美国人口调查局统计，在18世纪中期即第一次工业革命期间，全球人口不到8亿；然而，截止到2013年1月，全球人口已达70.57亿。这期间，中国人口数量从2亿左右增加到了近14亿，成为世界上人口增加最快的国家之一。人口的急剧增加给全球的经济发展、社会安定和人们的生活带来诸多问题，比如贫困问题、资源短缺、城市无序发展、交通拥堵、环境破坏等。尤其在包括中国在内的一些发展中国家和经济不发达的国家或地区，这些问题显得尤为严重。因此，人口问题已成为全球的突出问题，是当代人类面临的重大挑战之一。

　　北京作为中国的首都，是全国的政治、文化、教育和对外交往中心，集中了中央部委、党政机关等大量政府机构和各类大中型企业的总部，经济发达，医疗条件、教育环境、社会保障体系、公共交通系统等社会资源丰富，凭借这些独特的政治、经济和社会条件，北京市对全国乃至全世界的人口流动都有着巨大的吸引力，人口问题更加严重。据2010年第六次全国人口普查数据显示：北京市登记常住人口为1961.2万人；与2000年相比，10年间增长604.3万人，提前10年突破北京市2020年人口控制规模"1800万"的红线，人口呈现急剧增长的态势。而且，随着我国人口总规模的不断增长和城市化进程的加快，北京市人口在未来的几十年间还有愈加膨胀的趋势。我国人口发展研究战略课题组发布的研究报告指出："到21世纪中叶，我国人口峰值控制在15亿左右，之后，人口总量缓慢下降。"我国目前人口总数为13.4亿，距峰值尚有约1.6亿的差距，据此，我国人口总规模还会在一定时期内继续增长；此外，我国处于城市化进程快速发展期，中国社会科学院发布的《2012年社会蓝皮书》显示，"2011年中国城镇人口占总人口比重已经突破50%"，现有研究表明，一国城市化率为70%时，标志其进入现代化，社会发展最为稳定[1]。中国的城市化若从目前的50%提高到70%，意味着15亿人中将有11亿人生活在城市。目前，中国城市人口仅为6.7亿，与11亿之间存在约4.3亿的缺口，人口继续向城市迁徙是大势所趋。在这种背景下，作为中国首都的北京，由于其在政治、经济、文化等领域所处的中心地位，对全国人口必然会形成较强和持续的吸引力，北京市人口规模在未来一段时期内依然会呈现持续增长的趋势。

北京市人口的急剧增长，给北京市现有水、电、煤气、住房、交通等资源的供给造成极大压力，引发了北京市能源外部依赖性增强、土地紧张、交通拥堵、基础设施超负荷运转、垃圾处理困难、城市管理难度增大等一系列相关问题。外来人口大量涌入的同时，北京的环境资源承载能力显得捉襟见肘。有统计数据表明，北京人均土地面积不足全国平均水平的1/6，人均水资源占有量不足全国平均水平的1/10、世界的1/35；目前北京100%的天然气、100%的石油、95%的煤炭、64%的电力、55%的成品油均需从外地调入[2]。中共北京市委十一届三次全会上，北京市市委书记郭金龙提到，人口无序过快增长、大气污染、交通拥堵、部分地区环境脏乱、违法建设等问题，已严重影响到北京的可持续发展[3]。北京市市长王安顺则表示，坚决控制人口过快增长是解决北京交通、环境等许多问题的关键。而北京市政府副秘书长、市政府研究室主任周立云则强调，北京要治理"城市病"，必须首先控制人口，同时要保证区域协调发展[4]。面对北京市人口膨胀所引发的问题，北京市"十二五"规划纲要明确提出："遏制人口快速增长，逐步构建适合北京发展的人口格局。"

因此，如何在全国人口规模不断增长和城市化进程不断加快的大背景下合理、有效地控制北京市人口增长速度，使之与北京市可利用资源的供给相匹配，减缓北京市能源、交通、土地、环境、垃圾处理和城市管理等方方面面的压力，成为北京市亟待解决的重点和难点问题之一。

1.1.2 研究意义

如何综合运用智能化数据挖掘技术和知识挖掘技术对影响预测精度的数量化因素和定性类知识性因素进行复合挖掘，并经恰当的预处理后代入预测模型，提高预测精度，是预测理论发展到今天所要解决的前沿问题和难点问题。我们针对北京市人口膨胀问题，利用复合知识挖掘技术对影响北京市人口膨胀的结构化的数据因素和非结构化的文本类因素进行系统深入的复合挖掘，建立基于复合知识挖掘的人口预测模型，并利用建立的模型对北京市人口未来增长趋势进行预测。希望我们的研究可以突破性地提高北京市人口增长预测精度，为人口预测领域提供新的思路和方法，为人口研究的发展做出贡献，同时，也为北京市有效调控人口规模、合理调动和规划资源供给、缓解人口膨胀带来的资源压力提供重要的参考依据。

要想合理、有效地控制北京市人口增长速度，首先要对促进北京市人口增长的各种因素进行全面和深入的挖掘，只有挖掘到那些对北京市人口膨胀有重要影响的因素，才能做到有的放矢，针对影响因素进行调控，最终实现北京市"十二五"规划纲要中的"遏制人口快速增长"的目的。影响北京市人口增长的因素很多，很复杂，其中有许多是定性的知识性文本类因素，比如城市化进程、经济增长速度、北京人口政策、环境因素，等等。恰恰是这类知识性文本类因素对北京市人口增长起到重要影响作用，如果在预测中忽略这些因素，无论你用何种预测模型都得不到好的预测结果。而预测理论发展到今天，面临的最大难题就是如何处理这类知识性文本因素。为了解决上述问题，我们研究运用智能化的知识挖掘技术，通过对影响北京市人口增长的知识性文本类因素进行知识发现、知识分类、知识清洗、知识提取、知识预处理等工作，挖掘出对北京市人口膨胀具有重要影响的知识性因素，希望能为北京市人口的有效调控提供重要参考。

要想破解北京市由于人口增长而引发的一系列相关问题，就必须对北京市人口增长规模做出准确预测。只有这样，才能对北京市未来资源的供给与需求做出科学、合理的调度与规划，才能据此为北京市未来的城市发展规划提供合理、真实的依据，缓解由于人口增长带来的资源及城市管理等方面的压力，为北京市安全、正常、健康运转提供保障。为了提高对北京市人口预测的精确度，我们研究构建智能优化神经网络预测模型对北京市人口增长进行预测，通过对神经网络进行各种算法的优化、比较、选择，提高神经网络的运算速度、寻优能力和预测精度；通过在神经网络中嵌入智能决策树技术，解决知识性文本类影响因素的输入和处理问题，从而创建一个基于复合知识挖掘的智能优化神经网络人口增长预测模型。希望通过运用该模型，极大地提高北京市人口预测精度，为北京市制订资源供给和城市发展规划提供重要的参考依据。

智能化信息技术的不断发展，为我们下一步的攻关与研究提供了支持，我们这些新的预测方法的研究，也可以为其他领域在复杂多类型知识性影响因素条件下的预测工作提供借鉴与参考。

1.2　国内外研究现状

目前，国内外研究人口问题的预测方法主要分为两大类，一类是传统的统计类预测方法，主要包括 Malthus 人口增长模型、Logistic 预测模型、Keyfitz 模型、回归预测模型、Leslie 模型等；另一类是创新的智能化的预测方法，包括灰色预测方法、神经网络预测方法等。我国的汪寿阳、张世英、唐小我、邓聚龙等教授以及一批管理科学的专家学者，为我国的预测理论发展做出了突出贡献。

传统的统计类预测方法的最大局限，就是难以处理大量的、非线性的影响因素，难以处理定性类知识性影响因素，导致在对知识环境中复杂影响因素作用下的预测目标进行预测时，预测精度难以令人满意。Malthus 模型假设人口按指数规律无限增长，参见文献 ［5］—［8］；Logistic 模型考虑了自然资源、环境等因素对人口增长产生的阻滞，认为人口增长呈 Logistic 函数形态，是被应用较多的人口预测模型之一，参见文献 ［9］—［12］；Keyfitz 模型属于双曲线增长模型，可以被看成是 Logistic 模型的极端形式，参见文献 ［13］—［14］。上述三种预测模型都属于基于确定性的数学模型，无法利用其对受复杂的、非确定性因素影响的预测目标进行预测。Leslie 模型属于随机预测模型，它是在对历史数据考察的基础上，拟合出带有随机性的平稳时间序列，进而对未来的各种变量进行估计。该模型尽管在一定程度上考虑到了非确定性因素，但仍然无法处理大量、复杂的非线性影响因素，参见文献 ［15］—［17］。国内外学者也曾尝试用各类回归模型对人口增长进行预测，参见文献

［18］—［22］，但回归类模型与上述模型一样，依然解决不了预测中的复杂的非线性影响因素和定性类知识性因素的问题。

创新的智能化预测方法，包括灰色预测方法和神经网络预测方法等，由于具有一定的智能性，可以在一定程度上解决非线性影响因素的问题，但在预测中也存在着不足。灰色预测方法仅适用于小样本、波动小的非线性数据，对于指数增长形状的历史数据曲线具有较好的预测效果，对于灰度强化、白度弱化的历史数据序列预测效果容易出现偏差，参见文献［23］—［26］。普通神经网络人口增长预测模型具有可考虑数据型影响因素、无须识别变化规律、可模拟任意非线性复杂映射、可处理大量复杂的非线性历史数据的一定智能性等优点，但是仍不能处理定性知识因素的影响，模型本身的优化也存在需要研究的问题，参见文献［27］—［31］。

以上研究方法及研究工作者为人口增长预测工作奠定了基础，在目前的人口预测工作中发挥了重要作用。但是，随着我国经济不断发展和城市化进程不断加快，大城市人口膨胀问题严重，在影响这些大城市人口增长的因素中，很多是非数量化的、定性类的知识性因素。由于以往的相关预测中很少考虑这些重要影响因素，导致预测精度不高。因此，如何将这类知识性影响因素代入预测模型，进行数量化影响因素和非数量化知识性因素的复合知识挖掘，是提高人口预测精度的关键技术，因此成为人口预测领域亟待解决和必须深入研究的问题。

知识挖掘是在数据库知识发现基础上发展起来的，其定义是由 Usama M. Feldman 在 1995 年首次给出的：从知识资料集中识别有效的、新颖的、潜在有用的，以及最终可理解的模式的高级处理过程，参见文献［32］。其目的是将大量的数据和知识融合成有序的、分层次的、易于理解的信息，并进一步转化成可用于干预预测和决策的知识，是一个智能化、自动化的过程，是统计学、管理科学、计算机科学、模式识别、人工智能、机器学习与其他学科相结合的产物。其知识资料集包含显性与隐性、定性与定量、经验与推理等类型知识，能对原有的数据、知识进行高度自动分析和归纳推理，从中挖掘出潜在的模式和规律，为预测决策、模式识别、故障诊断、生产过程优化等的实现提供知识服务。

国际上，1995 年在加拿大蒙特利尔召开了第一届知识发现和数据挖掘国际会议，引起了学术界和工程界的极大关注，由此开始了数据挖掘的发展。而知识挖掘理论的研究，近十年来才开始具备研究条件并逐步得到重视，被认为是寻找内在规律的新方向。我国的王众托、黄梯云等教授是知识挖掘研究领域的开拓者。

文献［33］中给出了知识工程的建设框架，文献［34］中 Wendi Bukowitz 给出了知识管理过程的框架，文献［35］中给出了智能知识管理模型框架，文献［36］对基于知识管理的决策支持系统进行了研究，文献［37］在聚类分析及 Apriori 关联规则分析的基础之上，建立了一种复合知识挖掘方法。文献［38］将数据挖掘和知识挖掘技术结合在一起，建立了一个以分类算法为基础的信息融合系统，并采用一组高风险状态下的样本数据进行分析，发现该模型能有效地侦测出现实生活中的欺诈事件。文献［39］描述了一个名为"文本域识别和关联挖掘"（DATAM）的决策支持系统，该系统将基于知识挖掘的关联分析和本体结合在一起，能够精确地检测到样本数据集中的异常点，为改善汽车行业的售后服务提供决策支持。文献［40］将文本分析工具和一种名为"Arizona"金融文本的预测系统结合起来，对金融新闻中的作者的措辞、语气和股价变化之间的关系进行了分析，研究表明，金融新闻中作者的措辞和语气会在一定程度上对股价造成影响。文献［41］以新浪体育论坛中 31 个不同的论坛和 220 053 个公告中的文本信息为样本，利用知识挖掘技术将其归类到各个集合并赋予适当的数值，每个集合都代表当前的热点话题，以此来发掘当年最受热议的话题，并对本年度的热议话题进行预测。文献［42］提出了一种可以自动分析金融文本信息的知识挖掘方法，这种方法可以根据金融文本信息自动侦测金融事件，利用该方法对诈骗和破产两种金融事件进行实证分析后，发现模型具有很高的精确性。文献［43］建立了一种以知识挖掘为基础并结合了粗糙集理论和支持向量机的模型，这种模型能通过优化、特征选择和掌握台湾股市非系统性的新闻，进而准确地预测新闻发布一小时后股价的浮动趋势。文献［44］利用知识挖掘来预测纳米技术在国内的发展趋势，进而帮助政府制订对纳米技术产业的投资政策，对该产业在国内的发展现状、潜在风险进行分析，并预测其未来在国际上的竞争优势。文献［45］—［57］是我国学者在不同领域对知识管理和知识挖掘展开的一系列研究。

根据北京市人口增长预测的需要和特点，我们提出"复合知识挖掘"的概念：复合知识挖掘是指针对预测目标的各项知识特征，通过对数据库中的历史数据及对应的各类影响因素的文本分库、推理规则分库、经验知识分库等进行同时、综合、协调的知识挖掘，用知识类文本因素动态修正数据类因素预测中产生的误差，自动提取具有高度相似性复合知识特征的同类历史数据，克服以往的预测方法中存在的不足，使预测精度得到突破性的提高。

这种"复合知识挖掘"和普通知识挖掘相比有两点不同，第一，挖掘资料集由单一的知识库改变为同时挖掘各类数据库、文本分库、经验知识分库和推理规则分库；第二，挖掘的方法由对单一类型知识的检索、搜寻、提取改变为针对各类知识按照总体关联程度进行的综合的、协调的、同时的知识挖掘及发现。

目前，在国内外尚未见到将复合知识挖掘技术与人口预测相结合进行的研究工作及其成果。我们希望在优化神经网络的基础上，运用复合知识挖掘技术，建立基于复合知识挖掘的智能优化神经网络人口预测模型，对影响北京市人口增长的复杂的非线性的数量化因素和定性类知识性因素进行全面综合考虑，克服以往预测研究中对知识性因素考虑不足的缺陷，对北京市人口膨胀趋势进行预测，希望能较大幅度地提高预测精度。

由于我们在预测问题的研究方面具有一定的基础，经过学习和参考国内外的研究工作，认为有必要将基于复合知识挖掘的人口增长智能预测的一系列新的理论方法应用到北京市人口增长趋势的预测中，希望在北京自然科学基金的资助下深入研究，为人口预测理论，为北京市人口预测、人口调控做出贡献。

1.3　研究内容

本书主要研究了人口预测模型的理论方法，建立了基于复合知识挖掘的北京市人口膨胀趋势预测模型，并对北京市未来人口增长趋势进行预测。本书对北京市目前常住人口发展的现状进行了总结，介绍了北京市人口增长的特点，分析了影响北京市人口增长变化的主要因素；介绍了目前人口预测的理论方法，包括传统的基于统计学原理的预测方法和创新类的智能化的预测方法，并对两类预测方法进行了比较分析，指出各自的优缺点和适用范围，并在此基础上总结出人口预测模型应具备的功能与特点；对我国目前人口预测的现状进行了分析，并指出其存在的问题及相应的解决对策；介绍神经网络的各种群智优化算法，并运用经过遗传算法（GA）、粒子群算法（PSO）和微分进化算法

（DE）优化了的 RBF 神经网络模型以及未经优化的 RBF 神经网络模型对北京市人口增长进行了预测，选出最优的预测模型；建立影响北京市人口数量增长的数量化数据因素对象集，利用包括相关分析、格兰杰因果检验和预测分析等在内的多种数据挖掘技术，对这些因素进行分层筛选、组合优化，挖掘出影响北京市人口增长的最主要的数量化数据因素，为进一步提高预测模型的准确度打下基础；建立影响北京市人口数量增长的文本类因素对象集，运用文本挖掘技术，通过关联规则算法，挖掘出对北京市人口增长有重大影响的文本类因素，从而建立北京市人口膨胀影响因素的复合知识库；在此基础上，将神经网络模型与决策树技术进行有机结合，利用数据挖掘和文本挖掘获得的数据，建立基于复合知识挖掘的北京市人口膨胀趋势预测模型；利用基于复合知识挖掘的北京市人口膨胀趋势预测模型，通过动态情景分析法，对北京市中长期人口增长趋势进行动态预测；此外，将 REP – Tree 技术与人口预测领域最经典的 Logistic 模型有机结合，建立 REPTree – Logistic 人口预测模型，并利用这种模型对北京市中长期人口增长情况进行动态预测；在此基础上，将基于复合知识挖掘的神经网络人口预测模型与 REPTree – Logistic 人口预测模型的预测结果进行对比分析，实现对北京市未来人口增长情况的准确把握；最后，基于预测结果，对北京市人口管理与调控提出合理的建议，以期为决策管理机构合理控制人口、有效利用资源、科学有序地进行城市规划及环境保护等提供有价值的决策依据。

（1）研究创建北京市人口膨胀影响因素的数量化因素和文本类因素对象集。综合运用数据挖掘技术和知识挖掘技术，对促进北京市人口膨胀的数量化因素和非数量化的知识性因素进行全面、深入挖掘，构建一个包含数据库和知识库在内的北京市人口膨胀影响因素对象集。

（2）在构建北京市人口膨胀影响因素对象集过程中，研究创造各类数量化影响因素对象集及推理规则库和经验知识库。影响北京市人口膨胀的知识性因素主要包括城市化进程、全国人口规模、经济增长速度、人口与户籍政策等，可据此建立相应的文本库，例如城市化进程文本库包括"城市化进程较快、城市化进程较慢、城市化进程停止"等描述性知识，为知识发现、识别和提取做好准备。同时运用人工智能和关联规则建立推理规则库，例如"城市化进程较快必然导致农村人口快速涌入城镇，必然导致北京市人口快速增加"等。此外，通过对人口的认识的采集、归纳比较及知识挖掘，建立预测经验知识库，为预测的预处理分析和后干预检验提供依据。

（3）研究基于复合知识挖掘的建模预处理技术。在对数据型知识进行数据挖掘和对定性类知识进行知识挖掘的基础上，将两类影响因素分别进行关联度分析，并按重要程度进行排序，分别获取前 n 个重要影响因素。利用 REPTree 决策树对知识性因素进行 If - Then 规则分析，用分析结果动态调整输入神经网络预测模型中的数量化因素的预测误差，得到含有复合知识的、与北京市人口增长具有高度相似复合知识特征的建模所需的一系列历史数据，以此为建模基础，结合预测模型方法上的创新，可突破性提高预测精度。

（4）研究神经网络预测模型的优化技术。传统的统计类预测模型无法处理与预测目标之间存在复杂非线性关系的数量化因素。而神经网络预测模型具有无须识别变化形状和规律、可模拟任意非线性复杂映射、可处理历史数据和定量影响因素作为输入变量、具有经学习训练得到最终模型的一定智能性的优点，用其作为北京市人口增长预测模型是比较合适的。但是普通神经网络预测模型也有一定的缺陷，例如易陷入局部最优、导致预测精度不高、学习与训练速度降低等。为了克服神经网络的上述不足，尝试用 PSO、DE、GA 等生物进化算法对神经网络进行优化，提高神经网络的全局寻优能力和学习训练速度，并将各种算法加以比较、筛选和改进，选择和构建预测误差最小的优化神经网络预测模型。

（5）研究构建基于复合知识挖掘的智能优化神经网络人口预测模型。神经网络预测模型没有充分考虑知识性文本类影响因素对预测建模的作用，不适合大量知识性文本类影响因素的预处理和建模。针对神经网络上述缺陷，进一步研究在优化神经网络预测模型的基础上，嵌入智能化 REPTree 决策树分类器，解决知识性文本类影响因素的输入问题，解决知识性因素对数量化因素的预测误差进行动态调整的技术问题。运用模型进行仿真实验，不断修正模型，提高预测精度。

（6）优化 Logistic 人口预测模型，建立 REPTree - Logistic 人口预测模型。针对人口预测领域最经典的 Logistic 模型存在的只能描述长期人口总体增长变化趋势、对具体某个时间的人口数量预测精度不高，以及不同因素对人口增长的影响无法体现的问题，将 REPTree 决策树文本挖掘技术与 Logistic 模型结合起来，建立了同时包含数据因素和文本因素的 REPTree - Logistic 人口预测模型，从而进一步优化了传统的 Logistic 人口预测模型。

（7）在上述研究的基础上，运用基于复合知识挖掘的智能优化神经网络人口预测模型和 REPTree – Logistic 模型对北京市人口增长趋势做中长期预测，对预测结果和影响因素进行分析并提出政策建议，为北京市有效调控人口规模、合理调动和规划资源供给、合理进行城市规划等提供参考和借鉴。

1.4　研究方法

本书综合应用人口预测理论、神经网络和群智算法理论与技术、数据挖掘和文本挖掘技术与方法，以及现代数学方法与计算机科学技术，对人口预测理论及方法进行了全面系统的研究。

（1）查阅国内外相关研究资料和成果，学习、分析和改进前沿的智能信息处理技术，如数据挖掘、知识挖掘、神经网络、模糊理论、决策树技术等智能技术，研究人口预测方法与智能技术结合的途径与技术。

（2）调研促进北京市人口膨胀的历史数据和影响因素，进行数据采集，建立人口增长影响因素数据库；研究基于文本关联规则分析的文本知识的分类与挖掘，建立便于机器学习的各类知识的文本分库。

（3）研究利用经验推理、决策树技术、关联规则等对知识性文本因素进行分析挖掘，建立推理规则库；通过调研、类比、归纳，建立经验知识库。

（4）对数据库中的历史数据和知识库中的知识因素进行关联分析和排序，分别挖掘出与预测目标具有高度相似特征的前 n 个数量化影响因素和知识性影响因素。

（5）将知识性因素进行 If – Then 规则分析，用 If – Then 规则分析结果动态调整数量性因素在预测中产生的误差，创造出包含复合知识的新的历史数据，形成基于复合知识挖掘的新的预处理技术。

（6）运用各种优化算法对神经网络进行优化，从中选择出预测效果最好的优化神经网络。

（7）将 REP – Tree 决策树嵌入优化神经网络预测模型，解决知识性文本类影响因素的输入及对数量化影响因素的动态调整问题，实现基于复合知识挖掘的最终目标。

（8）建立 Logistic 模型，并利用 REP – Tree 决策树对传统的 Logistic 模型

进行优化，建立既包含数量化因素、又包含文本类因素的基于复合知识挖掘的
REPTree – Logistic 人口预测模型。

（9）依据上述理论方法，进行仿真实验和案例验证，不断优化和改进我
们提出的"基于复合知识挖掘的智能优化神经网络人口预测模型"，不断修正
模型，扩大其适用性，使预测精度突破性提高。

（10）运用基于复合知识挖掘的智能优化神经网络预测模型、REPTree –
Logistic 人口预测模型和动态情景分析法对北京市人口增长趋势做中长期预测，
在对预测结果和影响因素进行分析的基础上，对北京市人口增长管理与调控提
供政策建议。

1.5 创新点

本书首次提出"基于复合知识挖掘的人口预测"的概念，综合运用多种
算法和软件工具，将数据挖掘和文本挖掘技术同时应用到人口预测领域中，极
大地提高了人口预测精度，为人口预测领域的研究提供新的思路和方法。

（1）创建北京市人口膨胀影响因素"复合知识库"。针对北京市人口增长
做预测，如果忽略那些对人口膨胀具有重要影响的知识性因素，无论你使用多
么先进的预测模型，都不会有好的预测效果。据此，我们提出"复合知识库"
的概念，突破传统的人口预测中只依赖数据库建模的思维，将知识性因素在北
京市人口预测中重点加以考虑，具有创新性。

（2）提出一种基于复合知识挖掘的人口预测建模预处理新方法。在数据
挖掘和知识挖掘的基础上，运用 REP – Tree 智能决策树技术对知识性因素进行
If – Then 规则分析，不断用 If – Then 规则分析结果动态调整数量化因素预测中
产生的误差，创造出一种包含复合知识的历史数据，从而形成一种新的预测建
模预处理方法。

（3）构建基于复合知识挖掘的智能优化神经网络人口预测模型。通过运
用生物进化等优化算法对神经网络进行优化和改进，创建出优化神经网络人口
预测模型；同时研究用智能化决策树技术来解决知识性文本因素的输入和对数
量因素的动态调整的技术问题，从而创造性地构建了一个能同时处理定量和定
性影响因素的智能优化神经网络人口增长预测模型，期望能突破性提高预测精

度，为北京市人口增长趋势做出准确预测。

（4）构建基于复合知识挖掘的 REPTree – Logistic 人口预测模型。对人口预测领域最经典的 Logistic 模型进行改进，建立既包含数量化因素又包含文本类因素的基于复合知识挖掘的 REPTree – Logistic 人口预测模型，从而解决了传统的 Logistic 模型存在的只能描述长期的人口总体增长变化趋势、对具体某个时间的人口数量预测精度不高以及不同因素对人口增长的影响无法体现的问题。

（5）将情景分析法运用到人口预测中，通过设定不同的情景，实现对北京市未来人口增长情况的动态预测。利用情景分析法对北京市未来人口增长趋势进行预测，并不会得到一个"唯一的、准确的"结果，而是通过探究北京市人口未来发展趋势的多种可能途径，检查可能的选择，为未来决策提供依据和框架。相比传统预测方法对人口单一的预测结果，基于情景分析法的人口预测是一种开放式的预测，可以提供多种可能的结果及其路径，可以让决策者更好地掌控风险，在环境发生变化时可以更加迅速而灵活地做出反应。

第 2 章　北京市人口增长的
特点及影响因素分析

　　人口问题是一切发展的核心问题，许多矛盾和问题都与人口问题密不可分。随着经济社会的发展和人们生活水平的提高，北京市常住人口出现了新的变化趋势。本章首先从分析北京市常住人口的现状入手，对北京市人口增长的特点进行总结，在此基础上，从多个角度对影响北京市人口增长的原因进行分析。

2.1　北京市常住人口现状分析

　　常住人口指实际经常居住在某地区一定时间（半年以上，含半年）的人口。北京市常住人口的增长主要由户籍常住人口的增长和非户籍常住人口的增长两部分构成。其中，非户籍常住人口是指在京居住半年以上的外来人口，也就是通常说的流动人口。在无特别说明的情况下，本文所说的北京市人口均指北京市常住人口。

2.1.1　常住人口的增长趋势

　　改革开放以后，北京市常住人口的增长经历了5个发展阶段：1979—1994年为缓慢增长的阶段；1995—2000年为稳步增长的阶段；从2000年起，常住人口大幅度增长；而2008年北京奥运会过后，常住人口又呈现飞速增长的状态；2010年以后，常住人口增速开始放缓（参见图2−1）。

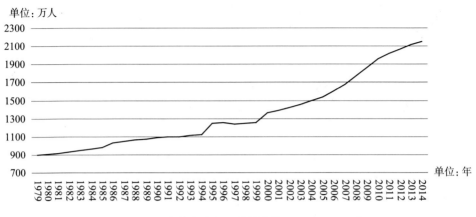

图 2 - 1　北京市常住人口增长趋势（1979—2014 年）

据北京市统计局、国家统计局北京调查总队联合发布的数据显示❶：2014年年末北京常住人口 2151.6 万人，比上年年末增加 36.8 万人，增速为 1.7%，但与上年相比，增量减少 8.7 万人，增速下降 0.5 个百分点。其中，北京常住外来人口为 818.7 万人，比上年年末增加 16 万人，增长 2%，但增量比上年减少 12.9 万人，增速比上年回落 1.7 个百分点。

由于 2008 年奥运会以后北京市人口迅速增长，人口问题明显加剧，所以从 2010 年起，北京市人口政策开始趋向严格。因此，2011 年以来，北京市常住人口快速增长趋势得到有效遏制，增量和增速逐步放缓，常住人口增量从 2011 年的 56.7 万人降至 2014 年的 36.8 万人，增速从 2011 年的 2.9% 降至2014 年的 1.7%，均达到"十二五"以来最低水平。

2.1.2　常住人口的地区分布状况

北京市常住人口地区分布可以从环路、行政区划、人口密度和从业人员 4 个方面加以分析[58-60]。

（1）从环路上看。

环路人口分布呈圈层向外拓展，即由二、三环内向四环外聚集。2014 年人口抽样调查结果显示，三环至六环间聚集了 1228.4 万人的常住人口，占北

---

❶　关于本文引用数据的说明：1. 在无特殊说明的情况下，本文所使用数据均来源于北京市统计年鉴及全国统计年鉴；2. 考虑到数据的有效性及可获得性，本文使用各项数据默认起止年份为 1979—2013 年，部分数据更新至 2014 年。

京市总人口的 57.1%；四环至六环间聚集了 941 万人，占北京市总人口的 43.8%；五环以外有 1098 万人，占北京市总人口的 51.1%。

常住外来人口与常住人口在环路分布情况基本一致，且向外拓展聚集的特点更加突出。三环至六环间聚集了 637.6 万的常住外来人口，占北京市常住外来人口的 77.9%；四环至六环间聚集了 532.1 万人，占北京市常住外来人口的 65%；五环以外有 422.5 万人，占北京市常住外来人口的 51.6%。

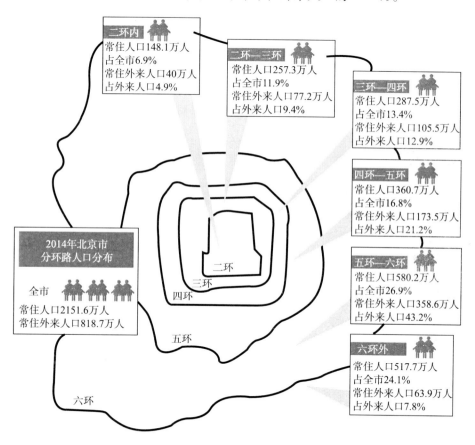

图 2 - 2　北京市常住人口环路分布图

（2）从行政区划上看。

根据北京市土地利用总体规划，北京城市功能区划分为首都功能核心区、城市功能拓展区、城市发展新区和生态发展涵养区 4 个功能区。其中，首都功能核心区包括东城区、西城区；城市功能拓展区包括朝阳区、丰台区、石景山区、海淀区；城市发展新区包括房山区、通州区、顺义区、昌平区、大兴区；

生态发展涵养区包括门头沟区、怀柔区、平谷区、密云区、延庆区。

首先，从 4 个功能区看，截至 2014 年年末，城市功能拓展区常住人口最多，达到 1055 万人，占 49%；其次是城市发展新区，常住人口为 684.9 万人，占 31.8%；首都功能核心区和生态涵养发展区常住人口相对较少，分别为 221.3 万人和 190.4 万人，所占比重分别为 10.3% 和 8.9%。城市功能拓展区常住外来人口最多，达到 436.4 万人，占北京市常住外来人口的 53.3%；其次是城市发展新区，常住外来人口为 296.9 万人，占 36.3%；而首都功能核心区和生态涵养发展区常住外来人口相对较少，分别为 54 万人和 31.4 万人，所占比重分别为 6.6% 和 3.8%。

表 2-1   按区域分北京市人口分布情况（2013—2014 年）

地区	2014 年常住人口（万人）	2013 年常住人口（万人）	同比增长（%）	2014 年常住外来人口（万人）	2013 年常住外来人口（万人）	同比增长（%）
全市	2151.6	2114.8	1.7	818.7	802.7	2
首都功能核心区	221.3	221.2	0	54	55.4	-2.5
东城区	91.1	90.9	0.2	21.2	21	1
西城区	130.2	130.3	-0.1	32.8	34.4	-4.7
城市功能拓展区	1055	1032.2	2.2	436.4	426	2.4
朝阳区	392.2	384.1	2.1	179.8	176.1	2.1
丰台区	230	226.1	1.7	85.1	85	0.1
石景山区	65	64.4	0.9	21.2	21.4	-0.9
海淀区	367.8	357.6	2.9	150.3	143.5	4.7
城市发展新区	684.9	671.5	2	296.9	289.6	2.5
房山区	103.6	101	2.6	26.7	24.6	8.5
通州区	135.6	132.6	2.3	55.5	53.6	3.5
顺义区	100.4	98.3	2.1	38.9	37.3	4.3
昌平区	190.8	188.9	1	100.2	100.6	-0.4
大兴区	154.5	150.7	2.5	75.6	73.5	2.9
生态涵养发展区	190.4	189.9	0.3	31.4	31.7	-0.9
门头沟区	30.6	30.3	1	4.9	5	-2
怀柔区	38.1	38.2	-0.3	10.4	10.6	-1.9
平谷区	42.3	42.2	0.2	5.3	5.3	0
密云县	47.8	47.6	0.4	7.2	7.2	0
延庆县	31.6	31.6	0	3.6	3.6	0

其次，从区县看，常住人口数量位居前 3 位的区县是朝阳区、海淀区和丰台区，3 个区人口占北京市人口总量的 46%。常住外来人口位居前 3 位的是朝阳区、海淀区和昌平区，3 个区外来人口占北京市外来人口总量的 52.6%。门头沟区、平谷区、密云县和延庆县 4 个区县的常住外来人口均不足 10 万，合占比重仅为 2.6%。

（3）从人口密度上看。

随着人口数量的不断增长，人口密度也逐步上升。2014 年，北京市常住人口密度为 1311 人／平方公里，比 2011 年增加 81 人／平方公里（2011 年为 1230 人／平方公里）。西城区常住人口密度最高，为 25767 人／平方公里，而延庆县最低，只有 158 人／平方公里。常住人口密度从首都功能核心区开始向外围逐渐降低。核心区人口密度为 23953 人／平方公里，是城市功能拓展区的 2.9 倍，是城市发展新区的 22 倍，是生态涵养发展区的 109.9 倍。

（4）从从业人员上看。

首先，从产业情况看，截至 2013 年年末，北京市第二产业和第三产业法人单位共有从业人员 1111.3 万人，比 2008 年年末增加 294.5 万人，增长 36.1%。其中，第二产业从业人员 216.6 万人，增加 15.4 万人，增长 7.6%；第三产业从业人员 894.7 万人，增加 279.1 万人，增长 45.3%。在法人单位从业人员中，位居前 5 位的是：批发和零售业 147.8 万人，占 13.3%；制造业 138.5 万人，占 12.5%；租赁和商务服务业 141.7 万人，占 12.8%；信息传输、软件和信息技术服务业 93.0 万人，占 8.4%；科学研究和技术服务业 95.2 万人，占 8.6%。

其次，第二、第三产业法人单位的从业人员主要集中在城市功能拓展区和城市发展新区。城市功能拓展区 595.6 万人，占 53.6%；城市发展新区 246.9 万人，占 22.2%；首都功能核心区 202.3 万人，占 18.2%；生态涵养发展区 66.2 万人，占 6.0%。

2.1.3　常住人口的年龄构成状况

2014 年北京市常住人口中，0～14 岁的少儿人口为 213.0 万人，占总人口数量的 9.9%；15～59 岁的劳动年龄人口为 1617 万人，占 75.2%；60 岁及以上老年人口为 321.6 万人，占 14.9%，其中，65 岁及以上人口为 212.3 万人，占 9.9%。从以上结果可以看出，北京市已经开始面临严重的人口老龄化问题，未来这一问题将更加严峻。

2.1.4 常住人口的文化素质特征

根据 2014 年北京市统计年鉴，在抽样调查的 41530 位 6 岁及以上常住人口中，大学专科及以上人口占人口总量的 35.1%；高中人口占人口总量的 20.7%；初中人口占人口总量的 32.1%；小学人口占人口总量的 10.5%。与 2003 年相比，大学专科及以上人口数量有所增加，高中及以下人口数量有所减少（见图 2-3）。以上结果说明北京市人口的文化素质在不断提高。

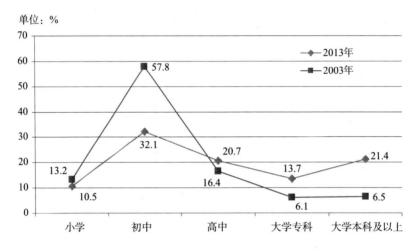

图 2-3 2003 年和 2013 年各类受教育程度人口所占比重

随着全国人口增长、城镇化水平持续上升，作为全国的政治、经济、文化中心，北京市人口增长是必然的。近十年来，城市功能拓展区和城市发展新区人口增长最快，人口数量最多。特别是朝阳区、昌平区、海淀区、丰台区，相比 2003 年，人口增长均超过 100 万。常住人口的快速增长推动着北京市经济总量的持续发展，但同时也会带来空气污染、资源消耗、交通拥挤、水资源匮乏等一系列问题。逐层分析北京市人口增长的原因，探究有利于控制人口过快增长的措施，对合理调控北京市人口有重要意义。

2.2 北京市人口增长的特点

从以上对北京市人口发展数据进行分析的结果可以发现，北京市人口增长呈现以下主要特点[58-59][61-62]：

（1）人口总量继续增长，增量略显下降趋势。

进入 21 世纪，北京市常住人口规模进入高速增长时期。2000—2014 年，14 年间人口净增 788 万，年均增长 56.3 万人。与世界其他城市相比，北京市人口约是伦敦的 2.6 倍、纽约的 2.48 倍。近两年来，常住人口的增速出现下降趋势。这既与居留成本提升、限购政策出台和人口政策严格等因素有关，也与全市产业结构升级、经济增速减缓有关。

（2）常住人口自然增长率有所回升。

1979—2014 年，北京市常住人口自然增长率大致经过了 4 个阶段：1979—1981 年，人口出生率明显上升，死亡率基本不变，人口自然增长率快速增加；1982—1990 年，人口出生率总体趋势下降，但略有波动起伏，死亡率基本不变，人口自然增长率总体快速下降；1991—2003 年，出生率缓慢下降，死亡率基本不变，人口自然增长率缓慢下降；2004—2014 年，人口出生率开始缓慢提升，死亡率略有下降，人口自然增长率略微上升（图 2 - 5）。

图 2 - 4　北京市常住人口自然增长率（1979—2014 年）

其中，2014 年，北京市常住人口出生率 9.75 ‰，死亡率 4.92 ‰，自然增长率 4.83 ‰。相较 2013 年，出生率、死亡率和自然增长率均有所增加，增幅分别为 0.82 ‰、0.4 ‰和 0.42 ‰。

（3）流动人口膨胀是常住人口增长主因。

从规模来看，2000年以来北京市流动人口总量加速膨胀，2000年为256.1万，2010年突破700万，2012年增长到773.8万，12年间增加了517.7万，年均增加约43.1万；从比例来看，流动人口占常住人口的比重由2000年的18.8%提高到2012年的37.4%，即2000年北京市每5个常住人口中约有1个外地人，2012年每3个人中就有1人来自外地。流动人口规模的膨胀既与全国农村劳动力外出务工加速有关，也与北京市贯彻落实经济社会发展"新三步走"战略有关，再加上奥运经济的强劲拉动，北京市形成新一轮流动人口增长的高峰。

（4）人口老龄化严重。

根据北京市老龄工作委员会办公室发布的《北京市2013年老年人口信息和老龄事业发展状况报告》显示，截至2013年，北京市60岁及以上户籍老年人口279.3万人，占总人口的21.2%，比上年增加16.4万人。其中，男性老年人口134.3万人，占48.1%，女性老年人口145万人，占51.9%。同时，北京市老龄化进程仍在加速：北京市未来户籍老年人口数量年增长将超过10万人，这种增长速度将持续到2020年，人口老龄化加速发展，将成为未来一个时期北京市人口变动的基本特征之一。

老年人口在总人口中比重的不断增加，导致支撑老年人口的抚养费用也在不断增加，养老支出比例不断上升。如何解决"未富先老"及由此带来的经济社会发展等一系列问题，将是北京市未来面临的十分严峻的挑战。

（5）人口向城市发展新区聚集的趋势进一步增强。

近年来，从各功能区常住人口比重变化看，城市发展新区的人口所占比重从2011年的31.2%上升到2014年的31.8%，上升了0.6个百分点，城市功能拓展区人口所占比重仅增加0.1个百分点，而首都功能核心区及生态涵养发展区人口所占比重分别下降0.3个和0.4个百分点。从各功能区人口增速看，城市发展新区人口增长最快，与2011年相比，快于全市2.1个百分点。这一变化体现了人口从中心城区向发展新区聚集的趋势。

（6）就业人口向更符合首都功能定位的行业聚集。

从就业人口构成看，2013年，信息传输、软件和信息技术服务业，租赁和商务服务业，科学研究和技术服务业从业人员所占的比重分别为8.4%、12.8%和8.6%，比2004年分别提高4.4个、3.8个和3.1个百分点。制造业从业人员继续排在前列，但其规模已从 2004 年的 148.8 万人降到 138.5 万人，减少了 10.3 万人，所占比重下降 8.6 个百分点。就业结构的变化反映出北京市产业结构正向着更符合首都功能定位的方向发展。

2.3　影响北京市人口增长的因素分析

总体来说，影响一个地区人口增长变化的因素可以分为两类：自然增长和机械增长。其中，影响人口自然增长主要有两个因素：人口出生率和死亡率。影响人口机械增长的因素更多，更加复杂。

2.3.1　影响常住人口自然增长的因素分析

人口自然增长是指因出生和死亡而引起的人口数量增减及年龄、性别结构的变化，是出生人数减去死亡人数后的人口自然增加的数目，它可以体现人口自然增长趋势和程度[63]。人口自然增长既受人类生理因素制约，又深受一定社会经济、文化、政治及自然等环境因素影响。自然变动决定着一个人口群体的发展规律和速度，对社会经济的发展起着重要作用。影响常住人口自然增长的因素主要有两个：出生率和死亡率（在一些研究中，将性别比例也加入到影响常住人口自然增长的因素中，但实际上，性别比例主要是通过影响出生率来对人口产生影响的，因此在出生率中已经含有这一因素，在本文中不再单独列出）。

北京市常住人口的自然增长，大致经历了 5 个阶段：1979—1981 年，自然人口（即由于出生和死亡导致的人口增量）迅速上升；1982—1987 年，自然人口发生剧烈波动，上下起伏明显；1988—1991 年，自然人口数量急剧下降；1992—2003 年，自然人口缓慢减少；2004 年以后，自然人口又开始迅速增加（参见图 2 - 5、2 - 6）。

从上图可以看出，北京市常住人口自然增长增加量与自然增长率（人口出生率、死亡率）密切相关；同时，北京市常住人口总体呈明显的上升趋势，而自然人口起伏波动非常大，自然人口占常住人口比例很小，对北京市人口增长影响有限。

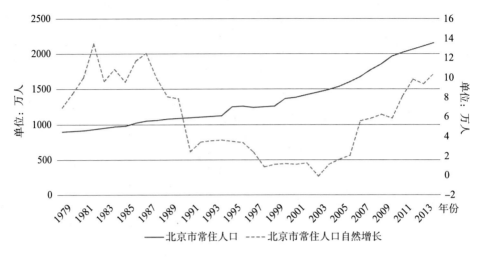

图 2-5　北京市常住人口及其自然增长情况（1979—2014 年）

北京市常住人口自然增长情况（1979—2014年）

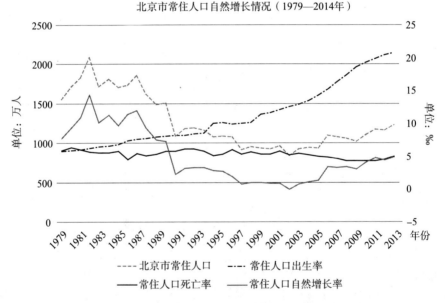

图 2-6　北京市常住人口自然增长情况（1979—2014 年）

2.3.2　影响常住人口机械增长的因素分析

人口机械增长是指人口在空间上的移动，既包括以长期改变定居地点为特征的人口迁移，又包括暂时性、往返性的人口流动[63]。社会经济特征及其发展水平的地区差异，是导致人口迁移变动的主要原因。随着社会发展和交通条件的改善，迁移变动已成为越来越活跃的一种人口现象，并成为促进经济发展和社会进步的一个积极因素。

　　由于北京市的特殊地位和经济文化条件，人口的机械增长始终是北京市人口增长的重要组成部分。尤其是伴随着改革开放的深入，人口流动性的逐渐增强，北京市流动人口增加趋势越发明显。1979年，北京市常住外来人口只有26.5万人，而到了2014年，这个数目增加到818.7万人，30多年间，北京市常住外来人口增加了近30倍；1979年，常住外来人口占常住人口比例不足5%，到了2014年，这一比例扩大到将近40%（见图2-7、2-8）。

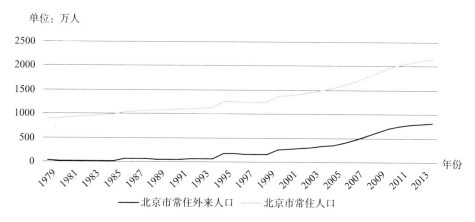

图2-7　北京市常住人口及常住外来人口增长变化情况（1979—2014年）

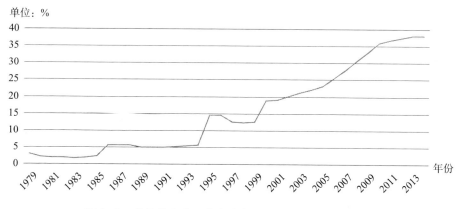

图2-8　常住外来人口占常住人口比重（1979—2014年）

　　（1）经济因素引起常住人口机械增长。

　　首先，区域发展不均衡产生人口聚集效应。人口在不同地区迁徙最主要的原因是经济差异。只要迁入地比迁出地的经济发展水平高、就业机会多、收入水平高，人们对迁移的预期工资高于原工资水平，就会造成低收入地区的人口向较高收入地区流动[64]。北京市周边城市和地区的发展相对缓慢，京津及环渤海地区一直以来都没有形成具有规模优势的区域发展状态，吸引人口聚集的能力相对较弱。2013 年，北京市人均 GDP 达到 1.5 万美元，成倍地高于全国平均水平和周围地区的水平。经济高速增长和高水平发展带来了大量的就业岗位、发展空间和改善境遇的机会，对劳动力产生了巨大的吸引力，造成北京市劳动力人口不断增加，形成人口聚集效应。

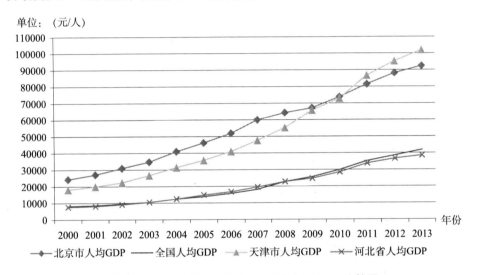

图 2 - 9　北京与全国、天津、河北省人均 GDP 比较图

其次，自身经济的快速发展产生劳动力的需求。北京的经济增长和人口转变必将持续拉动对外劳动力的需求。经济社会快速发展与城市建设规模扩大创造了大量就业岗位（参见图 2 - 10）。近年来，北京市制造业、批发与零售业、交通运输业、商务服务业、建筑业成为就业量增长最快的行业，而流动人口正成为这些行业劳动力供给的一个主要来源。其中，北京市在制造业领域的用工约 180 万人，其中超过 40% 是流动人口。如若保持现有的经济结构发展而不做出调整，随着今后经济的增长和城市的扩张，北京市对劳动力的需求将继续增加，外来劳动力的就业量也会随之增长。

（2）政策因素引起常住人口机械增长。

徐剑（2010）、瞿凌云（2013）等学者的研究[65-66]表明，人口政策会对一个地区人口数量产生重大影响。一般来说，积极的、宽松的人口政策，会导致人口增加；消极的、管控严格的人口政策，会导致人口减少。

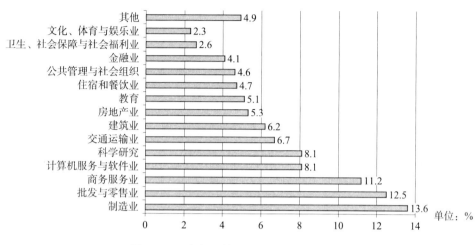

图 2 - 10　各行业从业人数所占比例（%）

首先，取消外来人口的就业歧视政策。自 2003 年以来，北京市政府先后颁布了《中华人民共和国行政许可法》《关于做好农民进城务工就业管理和服务工作的通知》《关于进一步做好改善农民进城就业环境工作的通知》。先后取消了"外来人员就业证""健康凭证"制度和外来人员管理服务费。并取消单位使用外来务工人员的行业、工种限制和对外来人员经商的行业、经营范围、经营方式的限制。

其次，随迁子女的教育保障。于 2004 年 8 月起实行的《关于进一步做好进城务工就业农民子女义务教育工作文件的意见》，取消了流动儿童在京借读费，使在京务工就业人员的子女在京接受义务教育的收费与本市户籍学生达到一致。2012 年、2013 年北京市教委分别发布《进城务工人员随迁子女接受义务教育后在京参加升学考试工作方案》《2014 年进城务工人员随迁子女在京参加高等职业学校招生考试实施办法》，使得进城务工人员子女可以参加本市中等职业学校、高等职业学校招生考试。

最后，完善流动人口的社会保险。2004 年颁布的《北京市外地农民工参加基本医疗保险暂行办法》和《北京市外地农民工参加工伤保险暂行办法》，要求用人单位为招用的外地农民工办理参加工伤保险和医疗保险手续并缴纳费用，使外地农民工在务工期间受到事故伤害或患职业病和患大病有关待遇问题得到妥善解决。它体现了党中央、国务院高度重视外地农民工参加社会保险工作，是保障外地农民工合法权益，为群众办实事的重要举措[67]。

综上所述，北京市政府加强了对外来人口的服务与管理，社会保障逐步完善，相关政策的实施吸引了更多的外来人口来京就业[68]。从就业领域来看，外来人口主要从事经商、服务等经济活动，主要集中在制造、交通、零售、建筑等行业工作。北京市政府在管理外来人口的同时，本着"以人为本"的人口管理理念，不断完善外来人口在就业、就医、子女就学、社会保障等方面的公共服务，逐步实现外来人口和户籍人口的公平对待，不断促进外来人口的社会融合[69-70]。

（3）全国人口规模增加引起常住人口机械增长。

从宏观上来说，如果全国人口规模快速扩张，外来人口迁入北京的压力就会持续增加，就可能会有更多的人移居北京，加之北京市内部人口的相应增长，导致北京市人口出现较快增长的可能性很大；反之，若全国人口规模增长缓慢，由该因素引起的北京市人口增长的压力也会相对减轻。由图2-11可知，北京市人口增长的趋势与全国人口增长的趋势大体相同，而在过去几十年里，全国人口规模持续增长。因此，北京市常住人口的增长，会受到全国人口增长变化的影响。

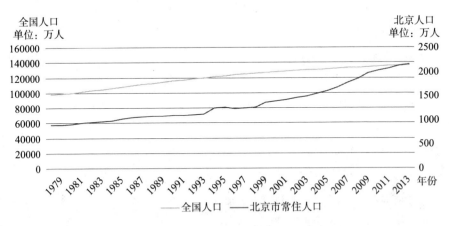

图2-11 全国人口规模与北京市常住人口增长情况

（4）城镇化进程常住人口机械增长。

我国的城镇化进程导致大量的农村人口涌入城市，特别是涌入北上广等地区[71]。目前，我国的城镇化进程尚未结束，因此该因素依然会是影响北京市人口增长的一个重要因素。城镇化进程和北京市人口增长二者之间可能存在如下关系：城镇化进程持续加快，北京市人口快速增加；城镇化进程缓慢递进，北京市人口缓慢增长。

当前，我国正处在城市化发展最快的时期，特别是在改革开放以后，伴随大量农村人口向城市转移，从 1996 年起农村人口首次出现连续的负增长，与此同时，城市人口比重开始大幅提高并且增速加快。1980 年我国城市化率首次突破 20%，之后上升到 30% 仅用时 16 年，到 2010 年城市化率已达到49.9%。我国城市化的快速发展带来城镇人口规模的急剧增长以及由此导致的人口流动性不断增强，是北京市人口增长的一个重要原因。

（5）环境因素吸引常住人口增加。

李立宏（2000）、曹丽（2012）等人在对影响人口迁移的因素分析[72-73]中认为，随着社会经济的发展，经济因素对人口的吸引力将会逐渐减小，而环境因素会逐步成为影响一个地区人口数量的重要因素。资源的丰富与贫瘠、气候的好坏、环境状况的优劣对人口迁移也有一定的影响，特别是环境质量，已成为人们选择居住地的一个重要因素。目前，在西方国家出现的城市人口向周围乡村反向迁移就属于这种情况。

北京市作为我国国际交流中心，具有一定的国际影响力，也是世界上最大的城市之一；北京的交通发达，是中国最大的铁路、公路及航空交通中心，拥有完善的城市交通网；医疗条件优异，学府林立……这些优异的环境资源，吸引着周边人口的迁移。

（6）城市功能变化导致常住人口机械增长。

北京市作为我国首都，是全国政治、经济、文化、国际交往的中心，其自身拥有的无可替代的首都功能，导致它对全国人口乃至世界人口都会产生较强的吸引力。纵观全世界各个国家，凡是作为政治中心的首都，大多数都存在人口膨胀问题，首都人口占全国人口比重都很高[74-75]，例如，东京、伦敦、巴黎等都为全国的政治、经济、文化中心，其中，东京市的人口占全国的 1/10，伦敦占 1/8，巴黎和首尔各自分别达到 1/5（图 2-12）。

北京拥有丰富的政府公共资源，中央政府直属机关、各大部委及其直属企事业单位、央企总部、知名外企驻华总部或办事处大多驻扎在北京，这类优质资源在北京的聚集对各类人员向北京汇聚形成了强大的吸引力。北京是环渤海地区经济增长的重要引擎，也是民营经济、技术创新最活跃的地域之一。新兴产业规划的出台、高新工业技术园区的陆续建立为各类人员提供了大量就业机会和发展空间，并且由此催生出一批新兴行业和岗位，对劳动力资源形成了强大吸引力。此外，北京市有着优质的公共资源，包括优质的社会公共服务和优质的城市基础设施。优质的公共资源以及多元化的功能定位也对政治、经济、文化等各方面的人才产生了巨大的吸引力，是导致人口迁移的一个重要原因。

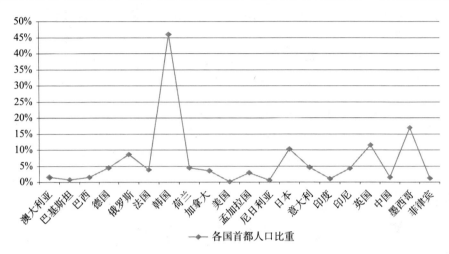

图 2−12 主要发达国家及人口密集国家首都人口占全国人口比重

2.3.3 因素分类

通过以上分析，我们可以将影响北京市常住人口增长的因素分为两大类：自然增长和机械增长。其中，影响人口自然增长的因素主要有 2 个：人口出生率和死亡率；影响人口机械增长的因素主要有 6 个：经济发展水平、人口政策、全国人口规模、城镇化进程、社会环境和首都功能。

为有效进行知识挖掘，挖掘出对北京市人口有重大的、不可忽视的影响因素，我们将以上因素按照对北京市人口增长影响方式的不同分为两大类：数量化影响因素和文本类因素。前者主要指可以用数量化数据直接表示并且数据本身直接会对人口增长变化产生影响的因素，这一类因素主要包括出生率和死亡率；而文本类因素是指难以用数量化数据直接表示，并且数据本身并不会直接对人口增长变化产生影响的因素，这一类因素主要包括经济发展水平、人口政策、全国人口规模、城镇化进程、社会环境和首都功能。这两类因素的区别在于：是否可以直接用数量化数据直接表示，数据本身是否直接会对人口增长变化产生影响。比如，对于出生率和死亡率来说，可以直接使用数据进行表示，因为它本身就是一种数量化数据，其次，出生率和死亡率的大小本身就会对人口变化产生影响：出生率高则人口增加得多，出生率低则人口增加得少；死亡率高则人口会大量减少，死亡率低则人口减少得慢。但对于经济发展水平来说，首先并不能直接使用数量化数据来表示，但可以间接使用 GDP 来对经济发展的好与坏、快与慢进行衡量，同时，经济发展本身或者 GDP 数据并不会直接对人口增长产生影响，而是以一种间接的方式吸引人口迁移流动，进而对人口增长变化产生影响，其他几个文本因素具有同样的性质。

事实上，从以上分析可以看出，数据因素即影响人口自然增长的因素，文本因素即影响人口机械增长的因素，这与两者的定义是一致的：自然增长是指由于出生率、死亡率的变化而引起的人口的增长，而出生和死亡数据的大小直接影响着人口的增减；机械增长是指人口的空间流动引起的人口的增长变化，即人口迁出或者迁入一个地区而引起的人口变动，文本因素正是引起人口迁移的主要原因，构成人口流动迁徙的客观条件，比如经济发展、人口政策等。

经过初步分析，以上 8 个因素会影响北京市的人口增长，但影响程度不会一样，有些影响程度非常大，在人口预测中不可忽视，有些因素影响程度较小，在人口预测中可以忽略，即使不代入预测模型，对预测结果也不会产生显著影响。为此，我们将利用知识挖掘技术（数据挖掘和文本挖掘）对以上因素进行进一步分析挖掘，最终挖掘出对北京市人口增长有重大影响、在预测中不可忽视的因素，为建立基于复合知识挖掘的人口预测模型、实现准确有效的人口预测奠定基础。

2.4　本章小结

本章首先从北京市常住人口增长趋势、地区分布、年龄构成和文化素质特征 4 个方面对北京市常住人口的现状进行了分析，并进一步总结出北京市人口增长的 6 个特点：总量继续增长，自然增长占人口增长比重较小，流动人口比重很大，人口老龄化问题突出，人口向城市发展新区集聚的趋势进一步增强，就业人口向更符合首都功能定位的行业聚集。在此基础上，对影响北京市人口增长的因素进行初步的梳理挖掘，并根据其对北京市人口增长影响方式的不同将这些因素分为两类：数量化因素和文本类因素。前者主要包括常住人口出生率和死亡率，后者主要有经济发展水平、人口政策、全国人口规模、城镇化进程、社会环境和首都功能。这两类因素会影响北京市常住人口的增长变化，但具体影响程度有待进一步分析挖掘。

第3章　人口预测模型概述

如何利用有效的人口预测模型对未来人口增长趋势进行准确的预测，一直是人口研究领域的热点和难点问题，为此，国内外众多专家学者展开了深入的研究，提出了各种模型和方法。本章以人口预测模型的发展为脉络，对国内外人口预测方法的现状、趋势进行了分析。在此基础上，结合我国人口预测的实际情况，对我国人口预测中存在的各种问题进行了深入探讨，并提出了相应的改进建议。

总体来说，目前国内外研究人口问题的预测模型主要可以分为两大类：一类是传统的基于统计学原理的人口预测模型，主要包括 Malthus 人口增长模型、Logistic 预测模型、Keyfitz 模型、回归预测模型、Leslie 模型和人口发展方程等；另一类是创新的智能化的预测方法，包括神经网络模型及其优化模型、灰色预测方法等[76]。

3.1　传统的基于统计学原理的人口预测模型

3.1.1　指数模型

1789 年，英国人口学家和政治经济学家马尔萨斯（Thomas Robert Malthus）在其代表作《人口论》中提出了著名的指数模型，即在没有任何限制的情况下，人口会呈现出指数式增长的特性[77]：

$$x_t = x_0 \times (1 + r)^t \tag{3-1}$$

其中，x_t 表示一段时间 t 后的人口数量，x_0 表示初始人口数量，t 表示时间，r 表示人口增长率。

这是一种理想的人口增长状态，在短期人口相对较少、资源相对充足时，人口有可能会出现类似于指数增长的特性。但现实生活中影响人口数量变化的因素很多，诸如贫困人口迁移、国家政策等，因而长期人口数量并不一定会呈现指数增长的趋势。

3.1.2 Logistic 人口增长模型

19 世纪中期，荷兰生物学家费尔哈斯（Pierre François Verhulst）在研究昆虫种群数量变化时发现，在种群规模较小时，环境相对宽松，资源相对充裕，昆虫数量增长会快些；当种群规模达到一定程度后，环境和资源就会显得相对不足，制约着种群中昆虫数量的增长。而人类社会也一样，由于受到政治、经济、自然环境等方面的制约，人口规模的变化也会存在类似的现象。由此，他在马尔萨斯模型的基础上，考虑到了环境和资源对人口数量的约束作用，提出了一个关于人口规模、人口增长率和环境承载力之间关系的公式，即 Logistic 公式[78]：

$$\frac{\mathrm{d}N}{\mathrm{d}t} = r \times N \times \left(1 - \frac{N}{K}\right) \qquad (3-2)$$

其中，$N(t)$ 表示 t 时刻的人口数量，r 表示人口的内在增长率，K 表示环境对人口的最大承载力。

在这种模型中，人口增长率是人口的函数，随人口增加而变小，人口增长最后将趋于平缓；而在实际计算中，先将这种非线性模型线性化，然后利用最易于计算的线性方程进行求解，其结果为：

$$N(t) = \frac{K}{1 + C \times K \times \mathrm{e}^{-rt}} \qquad (3-3)$$

其中，$N(t)$ 表示 t 时刻的人口数量，K 表示环境对人口的最大承载力，C 取决于初始状态 $N(0)$，且

$$C = \frac{1}{N(0)} - \frac{1}{K} \qquad (3-4)$$

这个模型在发表之初并没有引起人们足够的重视，直到 1920 年，美国生物学家雷蒙德明珠（Raymond Pearl）和约翰霍普金斯大学教授洛厄尔里德（Lowell Reed）重新发现并推广了这个模型，才使其得到了更加广泛的应用。

作为一种指数预测模型，Logistic 人口增长模型和马尔萨斯指数模型都是以过去某一年的人口数作为基数，通过引入固定的人口增长率来预测某一封闭环境下（即不考虑人口迁移因素）的未来人口数量。但在实际应用中，这种

模型还存在着以下不足：①人口增长率是变化的，每一年都可能不同，用统一的人口增长率来预测未来多年的人口数量显然是有误差的；②人口是在不断流动的，人口迁移因素对一个国家或地区人口数量的影响往往是非常大的，模型中未能考虑到这一点；③模型中所要求的环境对人口的最大承载力是很难计算的，会存在较大误差。所以这也只是一种近似算法，并不能准确把握人口增长的趋势，尤其是在人口出现负增长时，这一模型更是无法预测。

3.1.3　马尔科夫链模型

20 世纪初，苏联著名数学家安德烈·马尔科夫（AndreyAndreyevich Markov）在对概率论的研究中，经过多次试验观察发现，系统在状态转换过程中存在着转移概率，这种概率只与当前转换紧接的前一次有关，而与过去无关[79-80]：

$$P_r = (X_{n+1} = x \mid X_1 = x_1, X_2 = x_2, \cdots, X_n = x_n)$$
$$= P_r(X_{n+1} = x \mid X_n = x_n) \tag{3-5}$$

其中，P_r 表示转移概率；x_1，x_2，$\cdots$，x_n 表示一系列的随机变量，这些随机变量的可能取值所形成的可列集就叫作马尔科夫链的状态空间（Markov and the Birth of Chain Dependence）。这也是最简单的马尔科夫链模型。

马尔科夫链模型在预测中不需要考虑当前以前的历史状态，而是利用当前的状态，通过转移概率来进行预测。因而，将这种模型引入人口预测领域，就可以利用短期少量的人口数据来对未来人口数量进行有效的预测，操作简便易行，尤其是在历史人口数据不全或者不准确的情况下，这种无须考虑历史数据的预测方法就拥有更大的优势。但事实上，转移概率会随时间不断变化，难以准确计算，马尔科夫链模型在实际应用中可能会产生较大的误差。

3.1.4　凯菲茨矩阵模型

美国著名人口统计学家内森·凯菲茨（Nathan Keyfitz）率先提出了利用矩阵乘法进行人口预测的想法，建立了矩阵模型。这种方法的基本理念就是将人口按性别、年龄、生育率和存活率分别进行处理，建立矩阵，然后利用矩阵乘法的相关原理进行计算，预测未来人口的发展趋势。其基本模型是[81]：

$$I = M \times K \tag{3-6}$$

其中，I 表示预测年度人口数量的年龄结构矩阵，M 为以预测的年龄组数为阶数的、由生育率和存活率构成的矩阵，K 表示不同年龄下的预测基年的人口数。

他在其代表性著作《应用数理统计学》[82]中详细阐述了这种预测方法的理念及其应用。

作为一种新的预测模型，该矩阵模型在实际操作中考虑到了包括年龄结构、生育率、存活率等在内的更多因素，更加全面，而且还能具体预测未来人口的年龄结构，相对于以往的预测模型有很大的进步。

3.1.5 莱斯利矩阵

20 世纪中期，种群生物学家帕特里克·H. 莱斯利（Patrick H. Leslie）在研究中发现，种群的数量与种群的年龄结构之间存在着巨大的关系。为此，他于 1945 年在对凯菲茨矩阵模型进行改进的基础上，加入了人口迁移因素，提出了基于年龄结构的莱斯利矩阵，并据此建立了莱斯利矩阵模型。其基本表达式为[16]：

$$P_{(t+1)} = A \times P_t + G_t \qquad (3-7)$$

式中，$P_{(t+1)}$ 表示第 $t+1$ 年的人口数，A 表示基于不同年龄结构下的生育率与存活率矩阵，P_t 表示第 t 年的人口数，G_t 表示第 t 年的人口净迁移数。

这种模型通过将种群划分为不同的年龄层，并考虑到了人口的迁移因素，动态地预测种群的年龄结构及其数量的变化，相较原始的凯菲茨矩阵而言有了很大的改善，成为人口预测领域经常使用的一种模型[83]。

但是，作为矩阵模型，凯菲茨矩阵和莱斯利矩阵模型共有的不足之处是：①需要通过层层计算来获得数据，然后整体代入，计算较复杂；②对数据的要求较高，某一数据的变化或者偏差会对整个结果产生较大的影响；③对于那些对人口数量变化有较大影响的经济性因素和政策性因素没有加以考虑。因此，当一个国家或地区的人口数据不是很全面、准确，或者人口变化受经济和政策性影响较大时，运用矩阵模型进行预测就会产生较大的预测误差。

3.1.6 自回归滑动平均模型

1951 年，新西兰著名统计学家彼得·惠特尔（Peter Whittle）在其著《时间序列中的假设检验》一书中，首次尝试将自回归模型（简称 AR 模型）与滑动平均模型（简称 MA 模型）联立起来，提出了著名的自回归滑动平均模型（ARMA 模型），这种模型简便易行，计算方便，成为研究时间序列模型的重要方法[84]。随后，该模型被引入人口预测领域，在短期人口预测方面取得了不错的效果，得到了广泛应用。但由于该模型属于线性模型，而人口的增长不一定是线性的，尤其是对于长期人口增长而言，更不可能表现出线性增长的特性，因此在进行长期人口预测时，该模型会出现较大偏差。

3.1.7　人口发展方程

人口发展方程是由我国著名控制论家宋健等人于 20 世纪 70 年代末提出的，在人口预测领域得到了广泛认可，并具有很大的影响力。

人口发展方程的基本公式为[85-86]：

$$B(t) = TFR_t \sum_{x=\alpha_1}^{\alpha_2} PF_{x_t} H_x(t) \tag{3-8}$$

$$\begin{cases} P_{0(t+1)} = S_{00}\delta_t B_t + g_{00}(t) \\ P_{1(t+1)} = P_{0(t)}S_0 + g_0(t) \\ P_{2(t+1)} = P_{1(t)}S_1 + g_1(t) \\ P_{3(t+1)} = P_{2(t)}S_2 + g_2(t) \\ \qquad \cdots\cdots \\ P_{\omega-1(t+1)} = P_{\omega-2(t)}S_{\omega-2} + g_{\omega-2}(t) \end{cases} \tag{3-9}$$

其中，$B(t)$ 为出生人数；TFR_t 是 t 年 α_1 岁的每位妇女一生平均生育的婴儿数，称为总和生育率（生育胎次）；α_1 和 α_2 分别为育龄妇女的年龄下限和年龄上限；$H_x(t)$ 表示生育模式，用于调整育龄妇女在不同年龄时生育率的高低；PF 表示某种分布，视具体情况而定；$P_{x+1(t+1)}$ 为预测年度 $x+1$ 岁的人口数；$P_x(t)$ 预测基年 x 岁的实际人口数；S_{00} 为出生当年存活率；S_x 为 x 岁的存活率；$g_{00}(t)$ 为出生当年的净迁移人数；$g_x(t)$ 为 x 岁的净迁移人数。

由以上公式可以看出，人口发展方程综合考虑了影响人口数量的多种因素，如生育率、年龄结构、生育胎次、迁移人数等，相较于以前传统的预测模型而言，考虑的因素更加全面，易于推广。但作为一种基于统计原理的公式化的预测模型，其对于数据精度的要求很高，同时在模型中考虑因素较多，需要的数据也更多，其中很多数据又需要通过其他模型进行计算，这样就会导致某一数据细微的偏差，会对结果产生较大的影响。而且，公式中对于净迁移人口数没能给出具体算法，在实际中也是很难预测的。

3.1.8 比较分析

以上7个是被普遍认可和广泛应用的、基于统计学原理的人口预测模型。这类模型均采用严格的数学公式进行预测，逻辑性较强，模型结构较为稳定，易于操作，计算相对简单。但这类模型共同的不足之处是：①该类方法普遍缺乏灵活性，对数据精度要求较高，当输入数据不全或存在偏差时，该类方法不能够进行灵活处理，导致预测出现较大误差；②考虑的影响因素相对较少，且均为数量化影响因素。而那些对人口增长有较大影响的非数量化文本类知识因素，比如人口政策、经济发展、城市化进程等，该类模型无法进行处理（见表3-1）。

表3-1 传统的基于统计学原理的预测模型对比分析

模型名称	统计学原理	考虑因素	优点	缺陷
指数模型	指数函数	基数年人口数量、人口增长率	模型简单，便于计算	考虑因素单一
Logistic 人口增长模型	指数函数	基数年人口数量、人口增长率、环境承载力	考虑到了环境对人口的承载力	1）考虑因素少 2）人口承载力难以计算
马尔科夫链模型	概率理论	当前转换紧接的前一次，与历史数据无关	处理随机事件的概率问题，不需要历史数据	1）对于与过去有关的预测难以奏效 2）转移概率难以计算，并且存在变化
凯菲茨矩阵模型	矩阵乘法	性别、年龄、生育率和存活率	考虑因素更多，能预测年龄结构	1）未考虑人口迁移影响 2）数据要求多 3）经济发展、人口政策等文本类知识性因素未予考虑
莱斯利矩阵	矩阵乘法	性别、年龄、生育率、存活率和人口迁移	考虑了人口迁移问题	1）数据精度要求高 2）经济发展、人口政策等文本类知识性因素未予考虑
自回归滑动平均模型	自回归与滑动平均函数	历史人口数据	简单易行，适于短期预测	1）长期预测误差较大 2）文本类知识性因素未予考虑
人口发展方程	方程理论	生育率、年龄结构、生育胎次、迁移人数	考虑的因素更加全面，易于推广	1）数据精度的要求很高 2）对于净迁移人口数难以准确计算

3.2　创新型智能化人口预测模型

随着时代的进步，尤其是 20 世纪计算机的出现及人工智能技术的不断发展，人口预测领域的研究也逐渐发生了重大的变化，预测模型逐步朝着智能化的方向发展。

3.2.1　人工神经网络模型

1943 年，心理学家麦卡洛克（W·Mcculloch）和数理逻辑学家皮茨（W·Pitts）首次提出了人工神经网络的概念，它对统计预测领域产生了革命性的影响。人工神经网络是一种模拟大脑神经突触连接的结构进行信息处理的数学模型，这种模型具有自学习、联想存储、能同时处理定量和定性知识以及高速寻找优化解的能力，突破了传统统计类模型的机械式的预测方式的限制，使预测模型向着智能化的方向发展[87]。随后，这种智能化的预测方法吸引了研究人口预测的学者们的注意，并将其引入这一领域。与传统的基于统计学原理的人口预测模型相比，这种新的模型具有以下优势：①可自学习和自适应不精准和不确定的系统，对于那些人口统计资料不系统和不完全精确的国家和地区来说，其应用的价值尤其大；②可以充分逼近任意复杂的非线性关系，而人口的增长与变化往往也是非线性的，无确定规律可循；③算法推导清晰，学习精度高，运算速度快；④所有定量或定性的信息都等势分布贮存于网络内的各神经元，故有很强的鲁棒性和容错性；⑤能够同时处理数字数据和文本数据。

目前在人口预测领域，比较常用的神经网络模型有 BP 神经网络模型和RBF 神经网络模型。

3.2.1.1　BP 神经网络模型

BP 网络即误差反向传播（Error Back Proporgation）网络由 Rumelhart 和McCelland 为首的科学家小组在 1986 年首先提出。BP 神经网络由输入层、输出层和至少一个隐层组成，各层包含一个或多个神经元，层与层之间多采用全互联方式，但同一层的节点之间不存在相互连接，相邻两层神经元之间通过可调权值相连接，且各神经元之间没有反馈。其信息由输入层依次向隐层传递，直至输出层。每个神经元以加权的形式综合它的全部或部分输入，并根据激活函数的形式产生相应的输出。多层的神经网络是非常强的，一般来讲，一个三层的神经网络就可以用来模拟任何连续有界的函数[88]。

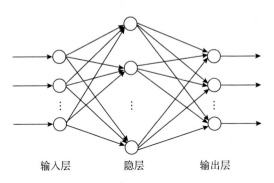

输入层　　　　隐层　　　　输出层

图 3 - 1　BP 神经网络

　　BP 算法是一种以梯度法为基础的搜索算法，在算法的实现上，充分体现了神经网络并行处理的特点。BP 网络的学习算法可描述如下：

　　（1）初始化网络及学习参数，即将隐含层和输出层各节点的连接权值、神经元阀值赋予（-1, 1）区间的随机数，将各学习参数设定为合适的值；

　　（2）提供训练模式，即从训练模式集合中选出一个训练模式，将其输入模式和期望输出送入网络；

　　（3）正向传播过程，即对给定的输入模式，从第一隐含层开始，计算网络的输出模式，并把得到的输出模式与期望模式比较，若有误差，则执行第（4）步；否则，返回第（2）步，提供下一个训练模式；

　　（4）反向传播过程，即从输出层反向计算到第一隐含层，按以下方式逐层修正各单元的连接权值：

　　1）计算同一层单元的误差 δk；

　　2）按下式修正连接权值和阀值：

　　对连接权值，修正公式为：

$$\omega jk(t+1) = \omega jk(t) + \gamma \delta k Q_j$$

　　其中，$\omega jk(t+1)$ 是节点 j 到 k 在 $t+l$ 时刻的权值，$\omega jk(t)$ 是 j 到 k 在 t 时刻的权值，γ 是学习率，Q_j 是节点 j 的网络输出。

　　对阀值，可按照连接权值的学习方式进行，只是要把阀值设想为神经元的连接权值，并假定其输入信号为单位值 1 即可。反复执行上述修正过程，直到满足期望的输出模式为止。

（5）返回第（2）步，对训练模式集合中的每一个训练模式重复第（2）到第（3）步，直到训练模式集合中的每一个训练模式都满足期望输出为止。

在 MATLAB 工具箱中，上述步骤的计算公式均已编成函数的形式，通过简单的书写调用即可方便地获得结果。

3.2.1.2　RBF 神经网络模型

1985 年，Powell 首次提出了多变量差值的径向基函数（Radial Basis Funetion，RBF）方法，在此基础上，Moody 和 Darken 于 1988 年提出了 RBF 神经网络模型，这种模型是一种前向型神经网络结构模型，能够以任意精度逼近任意连续函数[27-28]。RBF 神经网络以径向基函数作为隐含层单元的基，构成隐含层空间，隐含层对输入矢量进行变换，将低维的模式输入数据变换到高维空间内，使得在低维空间内的线性不可分问题在高维空间内线性可分。RBF 神经网络的基本组成部分为径向基函数神经元模型，通过系统输入与输出所组成的资料来建立分析模型，并借由收敛法则来达成学习的目的，它是一种局部逼近网络。RBF 神经网络除了具有一般神经网络的多维非线性映射能力、泛化能力、并行信息处理能力等优点外，还具有很强的聚类分析能力、唯一最佳逼近特性、无局部极小问题以及学习算法简单方便等优点，成为目前最受欢迎的神经网络模型之一[89]。

RBF 网络的输出为：

$$y = f_i(x) = \sum_{k=1}^{N} w_{ik}\varphi_k(\parallel x - C_k \parallel^2) \qquad (3-10)$$

RBF 学习算法具体步骤如下：

（1）从输入向量中选一组初试中心值 C_k；

（2）计算方差值：

$$\sigma = \frac{d_{\max}}{K} \qquad (3-11)$$

式中，$d_{\max}$ 表示最大的距离，K 表示 C_k 的数量；

（3）由输入 $x(n)$ 计算输出的学习值 $y_i(n)$：

$$y_i(n) = \sum_{k=1}^{M} w_k\varphi[x(n),C_k,\sigma_k] \qquad (3-12)$$

（4）更新网络参数；

（5）如网络收敛，则计算停止，否则转到步骤（4）。

3.2.1.3 BP 与 RBF 神经网络性能比较

传统的 BP 网络算法采用基于误差反向传播的梯度算法，充分利用了多层前向网络的结构优势，在正反向传播过程中每一层的计算都是并行的；而 RBF 网络利用了差值法的研究成果，采用了前馈的结构，二者都是对真实神经网络不同方面的近似，各有其优缺点。

在理论上，RBF 网络和 BP 网络一样能以任意精度逼近任何非线性函数。但由于它们使用的激励函数不同，其逼近性能也不相同。Poggio 和 Girosi 已经证明，RBF 网络是连续函数的最佳逼近，而 BP 网络不是。BP 网络使用的 sigmoid 函数具有全局特性，它在输入值的很大范围内每个节点都对输出值产生影响，并且激励函数在输入值的很大范围内相互重叠，因而相互影响，因此 BP 网络训练过程很长。

此外，BP 网络容易陷入局部极小的问题不可能从根本上避免，并且 BP 网络隐层节点数目的确定依赖于经验和试凑，很难得到最优网络。采用局部激励函数的 RBF 网络在很大程度上克服了上述缺点，RBF 不仅有良好的泛化能力，而且对于每个输入值，只有很少几个节点具有非零激励值，因此只需很少部分节点及权值改变。学习速度可以比通常的 BP 算法提高上千倍，容易适应新数据，其隐层节点的数目也在训练过程中确定，并且其收敛性也较 BP 网络易于保证，因此可以得到最优解。

因此总体来说，RBF 神经网络在训练速度和寻找最优解方面均优于 BP 神经网络。

3.2.2 灰色模型

灰色理论是在 1982 年由中国著名学者邓聚龙教授首先提出来的，并以此为基础，建立了灰色模型 GM (1, 1)[90]。这种模型可以通过较少的、不完全的信息来对事物的长期发展规律做出模糊性的描述。其基本思想是利用原始数据数列经累加生成新的序列，从而弱化原始数据的随机性，使其呈现一定的规律，以此建立微分方程型的模型即 GM 模型，方便计算。灰色模型凭借这种只需考虑自身的时间序列，从中找到有用信息，发现和认识事物内在的规律，从而进行预测，巧妙地躲过了繁杂的数据和影响因素，大大简化了计算量的优点，在人口预测领域得到了迅速的发展和广泛的应用。

但是在实际人口预测过程中，与其他预测方法相比，灰色模型也存在着一定的局限性：①当人口数据的离散程度较大时，预测精度会降低；②在长期人口预测中会存在较大的误差。

3.3　两类模型的比较

3.3.1　理论比较

总体来说，相对于传统的基于统计学原理的人口预测模型而言，创新型智能化的人口预测模型具有以下几点明显优势：①可以并行处理大量的数量化影响因素，而统计类预测模型处理的影响因素较为有限；②对数据的精准性要求低于统计类预测模型；③可以处理一些对人口增长有重要影响的文本类知识性影响因素。但是，神经网络等智能化预测模型在模型结构的稳定性方面不如统计类预测模型，在实际应用中，其操作的难度也比统计类预测模型难度大。具体表现在以下几个方面：

（1）建模的理论基础不同。

传统的基于统计原理的人口预测模型是建立在统计分析理论基础之上的，能预测一段时间内的大致趋势。而处理基于概率统计的随机过程则要求样本量越大越好，原始数据越完整、越明确越好。但事实上，在实际中即使有了大样本量，也不一定能找到规律。而且传统的基于统计类的预测方法有一个共同的局限性，即被控对象或过程的数学模型必须预先知道，运用数学方法构造模型进行预测。但实际上有很多被控对象极其复杂，无法建立精确的模型。

创新型预测模型则是完全脱离统计理论的基础，以一种创新型的建模思维来建立预测模型。例如灰色模型是建立在灰色理论基础之上的，依据广义能量变化规律将历史资料做累加处理，使其呈现出指数变化规律，然后建模。而人工神经网络模型是建立在神经网络理论基础之上的，它通过模仿人脑神经系统的结构及信息处理和检索等功能，建立神经网络模型进行预测，可以逼近那些最佳刻画样本数据规律的函数，而不论这些函数具有怎样的形式。神经网络的学习能力以及通过学习掌握数据间的依存关系，在人口预测中显示出一定的优越性。

（2）对数据的要求不同。

基于统计原理的预测模型要求样本量大并有很好的分布规律，只有在样本量足够大且分布较好的情况下，其预测效果才会比较理想。而创新型预测模型对样本量的要求和分布程度的要求均较低。例如灰色模型，只要拥有七八个数据就可对下一个数据进行预测。在处理技术上，灰色模型要对原始数据进行累加处理，使表面杂乱无章的数据呈现出明显的指数规律，建模计算之后，再进行累减还原。神经网络模型则采用数据驱动，黑箱建模，无须先验信息，能够在信息资源不完整、不准确等复杂的数据环境下，通过自身结构的调整提取数据特征，并对未来进行有效预测。

（3）对数据的处理方法不同。

传统型预测方法是利用观测数据，通过矩逆及其他运算求出相应的系数。有时还要进行适当的变量的变化，这种变换依赖于建模者的观察与经验。在模型涉及多个自变量时，要找出恰当的变换并不容易。而神经网络是通过反复对照观测样本，逐步逼近理想的结果，通过自我学习过程寻找变量之间的规律，具有很强的适应能力。

（4）模型结构的稳定性与适应性不同。

基于统计原理的预测模型一经建立，其模型结构具有较强的稳定性，模型变量之间存在一个稳定的内在关系。而且，模型结构都相对稳定、简单，大多都是单因素模型。但是，这种方法虽然理论上很精确，却需要大量繁杂的、严格的数学公式推导，没有容错能力和自学能力，对参数变化敏感，环境和结构稍做改变就必须重新建立数学模型，适应性差。另外，传统方法还要事先知道各种参数，以及这些参数在什么情况下应做怎样的修正。

创新型预测模型则是一种或者多因素、或者可以变结构的模型，其计算相对复杂，但适应能力要好于基于统计原理的预测模型。其中，神经网络模型是变结构模型，通过网络对新样本的学习，调整其内部结构，从而适应系统变量的变化。而灰色模型则巧妙地躲过了繁杂的数据和影响因素，可以大大简化计算量。

（5）预测精度不同。

相比较而言，基于统计原理的预测模型误差较大，因为基于统计原理的预测模型对数据样本没有再处理或学习的过程，因此对样本的拟合性较低；而创新型预测模型相对而言精确度较高，原因是创新型预测模型对数据具有再处理或学习的过程。灰色模型是对数据进行了累加处理；神经网络模型是对数据进行了学习，然后进行推理、优化。因此，创新型预测模型的拟合度要高于统计类模型。

（6）预测难度与预测时间长度不同。

基于统计原理的预测模型技术比较成熟，预测过程相对简单，其建立模型依据的理论基础坚实，模型构造相对简单，计算难度相对较低。由于这类模型采用的数据是较长时间的历史数据，因此可以对未来进行较长时间的预测。而创新型预测模型预测技术还有改进的余地，且预测难度较大。如利用神经网络进行人口预测，其过程相对较难，因为神经网络需要设定隐层、权重；其隐层和权重设置合理与否，直接导致预测结果的合理与准确与否。由于创新型预测模型对数据要求度不高，一般是小样本量预测，因此，适用于对预测对象进行短期预测。

表 3 - 2 两类预测模型对比分析

模型类别	传统模型	神经网络	灰色模型
理论基础	统计分析理论	人工神经网络理论，计算机智能技术	灰色理论
结构稳定性	变量之间存在着稳定的内在关系	变结构模型	结构可调
考虑因素	相对较少，且都是数字数据因素	各种因素均可考虑，包括数字和文本因素	相对较少，主要是数字因素
数据要求	1）精度高 2）数据全 3）数字数据	1）精度要求相对较低 2）数字和文本类数据均可	不要求全数据
数据处理方法	使用观测数据代入公式进行计算	反复观测样本数据，自我学习，建立模型	通过对原始数据的累加生成新序列，分析找规律
预测精度	短期预测可取得较好的精度，长期预测存在一定程度误差	短期预测精度很高，中长期预测存在一定程度误差，但优于统计类模型	短期预测精度较高，长期预测误差较大
操作难度	较容易，直接代入公式	较难，需要建立较复杂的模型	相对较容易，主要是层层累加
预测时间长度	短期、中期、长期预测均可，但短期效果更好	外推性较好，适于短期、中期及长期预测	适于短期预测
成熟度	历史久，较成熟	发展阶段	发展阶段

3.3.2 实证比较

为进一步对统计类预测模型和智能化预测模型进行比较分析，本节将以北京市人口数量为例，用实证的方法对统计类预测模型中具有代表性、应用也最为广泛的 Logistic 人口预测模型和智能化预测模型中的 BP 神经网络和 RBF 神经网络模型进行比较分析。其中，BP 神经网络和 RBF 神经网络模型的输入数据选择北京市 1978—2013 年 36 年的历史人口数量数据，Logistic 人口预测模型以 1978—2013 年为输入数据，并且以 1978—2003 年 26 年的相关数据（人口数量数据或者年份数据）为训练集，2004—2013 年 10 年的相关数据（人口数量数据或者年份数据）为测试集，对 3 个模型的预测效果进行比较分析。

3.3.2.1 模型的建立

（1）Logistic 人口预测模型。

最原始的 Logistic 人口增长模型是由荷兰生物学家 Pierre François Verhulst 首先提出的，其表达公式为：

$$N(t) = \frac{K}{1 + C \times e^{-rt}} \qquad (3-13)$$

其中，$N(t)$ 表示 t 时刻的人口数量，K 表示环境对人口的最大承载力，C 是与初始状态 $C(0)$ 和人口承载力有关的一个参数，r 表示人口的内在增长率。

我们以 1978 年为初始年份，原始 Logistic 人口增长模型公式可以改为：

$$N(t) = \frac{K}{1 + C \times e^{-r(t-1980)}} \qquad (3-14)$$

利用 SPSS 软件的非线性回归分析技术，根据公式（3-14），求出各参数值。在考虑到众多专家学者的研究成果及各参数的实际意义的基础上，设定参数取值范围：$2000 < K < 3000$、$1 < C < 100$、$0 < r < 1$，及初始值：$K = 2300$、$C = 5$、$r = 0.03$，以 1978—2003 年 26 年的北京市历史人口数量数据为输入数据，建立模型，结果如下：

表 3 - 3　Logistic 模型参数估计值

参数	估算	标准错误	95% 置信区间	
			下限值	上限
K	3000.000	1859.784	- 847.257	6847.257
C	2.536	2.143	- 1.897	6.969
r	0.032	0.012	0.007	0.057

* 其中 $R^2 = 0.965$

从上表可以得到: $K = 3000$, $C = 2.536$, $r = 0.032$, 所建立的 Logistic 模型为:

$$N(t) = \frac{3000}{1 + 2.536 \times e^{-0.032(t-1980)}} \qquad (3-15)$$

根据公式 (3 - 15), 利用 Matlab 软件, 得到拟合预测结果如下:

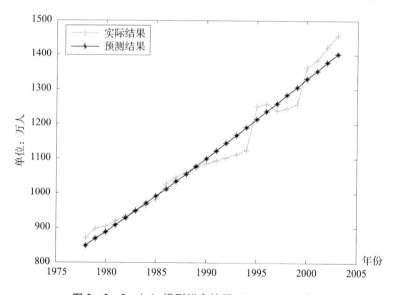

图 3 - 2　Logistic 模型拟合结果 (1978—2003 年)

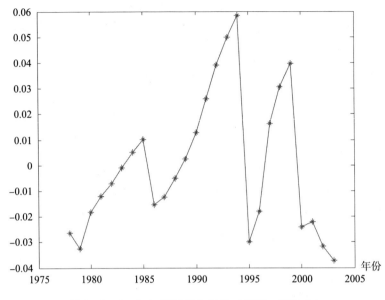

图 3 − 3　Logistic 模型拟合误差（1978—2003 年）

利用模型对北京市 2004—2013 年 10 年的人口数量进行预测，结果如下：

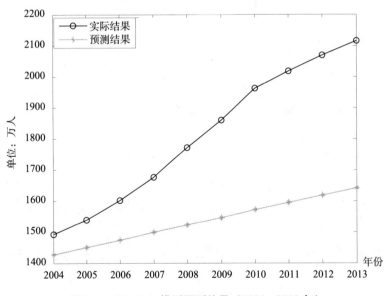

图 3 − 4　Logistic 模型预测结果（2004—2013 年）

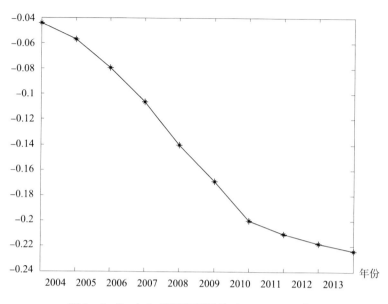

图 3-5 Logistic 模型预测误差（2004—2013 年）

（2）BP 神经网络模型。

以北京市 1978—2003 年 26 年的人口数量数据为训练集，设定步长为 3（即利用 3 年数据预测第 4 年数据），建立 BP 神经网络人口预测模型，模型拟合结果如下：

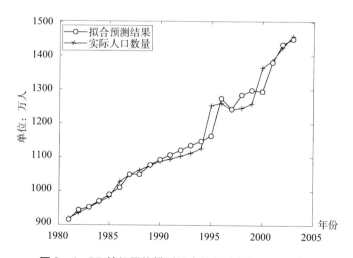

图 3-6 BP 神经网络模型拟合结果（1981—2003 年）

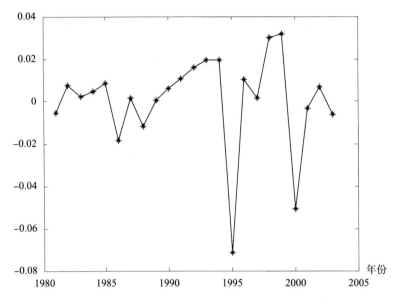

图 3-7　BP 神经网络模型拟合误差（1981—2003 年）

利用模型对北京市 2004—2013 年 10 年的人口数量进行预测，结果如下：

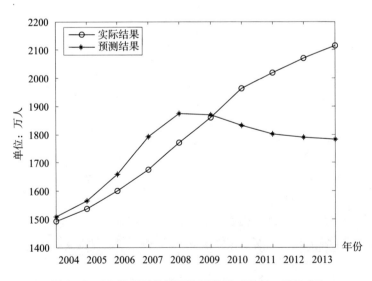

图 3-8　BP 神经网络模型预测结果（2004—2013 年）

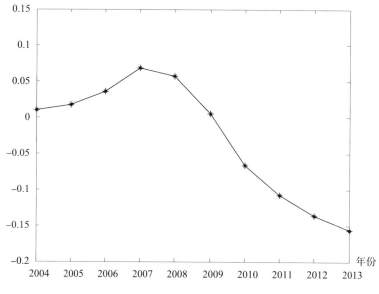

图 3 - 9　BP 神经网络模型预测误差（2004—2013 年）

（3）RBF 神经网络模型。

以北京市 1978—2003 年 26 年的人口数量数据为训练集，设定步长为 3（即利用 3 年数据预测第 4 年数据），建立 RBF 神经网络人口预测模型，模型拟合结果如下：

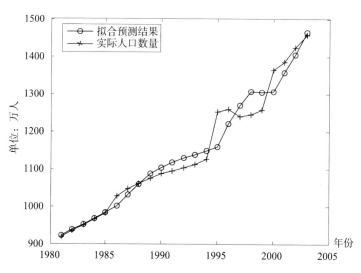

图 3 - 10　RBF 神经网络模型拟合结果（1981—2003 年）

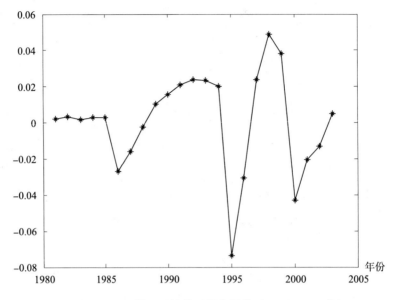

图 3 – 11   RBF 神经网络模型拟合误差（1981—2003 年）

利用模型对北京市 2004—2013 年 10 年的人口数量进行预测，结果如下：

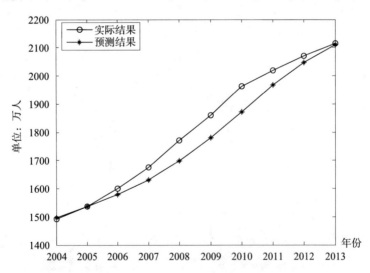

图 3 – 12   RBF 神经网络模型预测结果（2004—2013 年）

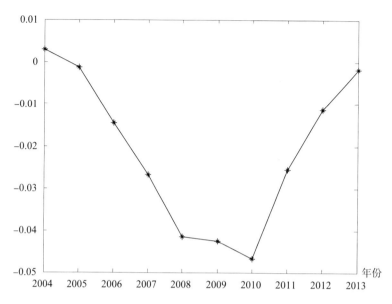

图 3 - 13　RBF 神经网络模型预测误差（2004—2013 年）

3.3.2.2　对比分析

以上 3 种模型的拟合训练预测结果如下：

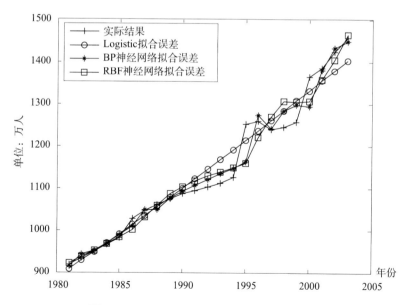

图 3 - 14　Logistic 模型、BP 神经网络模型和

RBF 神经网络模型拟合结果对比（1981—2003 年）

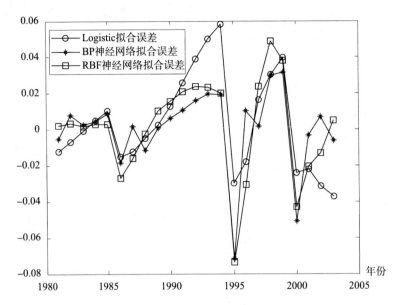

图 3 – 15　Logistic 模型、BP 神经网络模型

和 RBF 神经网络模型拟合误差对比（1981—2003 年）

3 种模型对北京市 2004—2013 年 10 年的人口数量进行预测的结果如下：

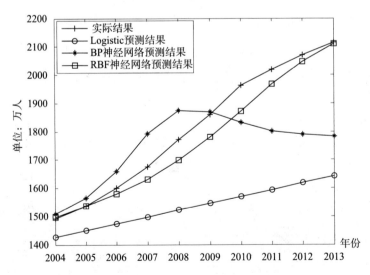

图 3 – 16　Logistic 模型、BP 神经网络模型和

RBF 神经网络模型预测结果对比（2004—2013 年）

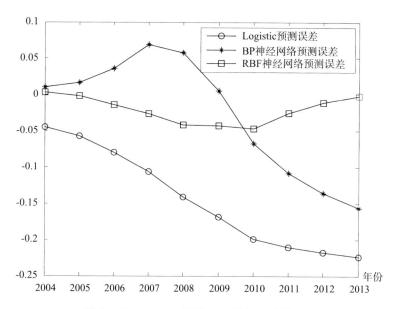

图 3 - 17　Logistic 模型、BP 神经网络模型和
RBF 神经网络模型预测误差对比 （2004—2013 年）

从以上结果可以看出：

（1）在拟合效果方面，BP 神经网络（平均拟合误差 1.50%）误差最小，拟合曲线最近接实际人口增长曲线，效果最好，RBF 神经网络（平均拟合误差 2.03%）和 Logistic 模型（平均拟合误差 2.24%）次之，但三者差别不是很大（1% 以内）；在预测效果方面，RBF 神经网络误差最小（平均预测误差 2.15%），BP 神经网络次之（平均预测误差 6.62%），Logistic 模型最差（平均预测误差 14.49%），差别明显。因此，无论从拟合效果还是从预测效果来说，智能化的神经网络预测模型都要优于传统的 Logistic 人口预测模型，而在神经网络模型中，RBF 神经网络模型要优于 BP 神经网络模型。

（2）智能化的神经网络预测模型对于输入数据的数量是没有限制的，模型可以考虑更多因素（这一点在后面的研究中可以发现），而以 Logistic 模型为代表的传统的基于统计学原理的人口预测模型的输入数据往往是固定的，比如 Logistic 模型只以年份为输入数据，矩阵模型则主要以历史人口数量、人口出生率、死亡率等有限的数据为输入数据。因此，当人口增长受到更多因素的影响时（比如人口政策、经济发展等），传统的基于统计学原理的人口预测模型就会无能为力，无法将这些因素纳入模型中，而智能化的神经网络模型则可以通过将这些因素结构化，将其纳入到模型中去。

（3）尽管总体上神经网络模型要优于传统的人口预测模型，但神经网络模型也并非完美，也存在一些问题：首先，在预测精度上，模型在人口起伏波动比较大的时间点上的预测结果仍然不理想，误差仍较大，这说明模型的稳定性有待提高；其次，在输入数据上，模型输入数据依然以结构化的数字型数据为主，对于像人口政策、经济发展等非结构化的文本因素无法直接处理，需要将其结构化；最后，在模型的算法上，BP 网络采用梯度下降算法，网络学习时间较长，易陷入局部最小值。BP 网络在训练过程中需要对网络的所有权值和阈值进行修正，为全局逼近神经网络，学习速度慢；而 RBF 神经网络的收敛性和学习速度均优于 BP 网络，但是当数据不充分的时候，RBF 神经网络就无法进行；同时，RBF 神经网络的非线性映射能力体现在隐层基函数上，而基函数的特征主要由基函数的中心确定，从数据点中任意选取中心构造出的 RBF 神经网络的性能显然是不能令人满意的，而且映射基函数的中心是在输入样本集中选取的，这在许多情况下难以反映真正的输入输出关系。因此，无论是 BP 模型算法还是 RBF 模型算法，都存在优化的可能性和必要性。

3.4 人口预测模型的功能与特点

通过以上对多种人口预测模型的分析，我们发现一个有效的人口预测模型应该具有以下功能和特点。

3.4.1 具有并行处理大量非线性数据的功能

中国在 20 多年的城镇化进程中，大量农村人口短时期内涌入城市，导致城市人口出现爆发式增长；同时，这些人口流动性又很强，导致大城市人口增长数据的分布规律性不强，呈现高噪声、非线性的特征；此外，人口变动的影响因素非常多。这些都要求人口预测模型要具有并行处理大量非线性数据的能力，那些不具备处理非线性问题的线性的预测理论和技术方法则明显不适合人口预测。

3.4.2 具有自主学习、自我调整的功能

人口变动会受到很多因素的影响，尤其对经济发展和人口政策等因素反应非常敏感，用一个固定关系或者固定结构的模型很难对人口进行准确预测。因此，人口预测模型要具有高度智能化，要具有对训练数据自主学习、自主筛选的能力；要具有根据经济、政策、社会、数量和非数量化指标等因素的变化随机应变、自我调整的能力。

3.4.3 具有多指标同时输入的功能

影响人口变动的因素很多，因此在人口预测中，如果只将历史人口数量的时间序列这个单一因素代入预测模型，其预测结果必然不够精确。如果想提高预测精度，就必须将影响人口变动的多因素指标代入模型，只有通过多种因素的共同作用，才能对人口的变动有一个比较准确的预测和趋势判断。因此，那些只能输入单一因素的模型，或不能容纳较多输入因素的模型，都不适合运用到人口预测中去。

3.4.4 具有处理非量化文本因素的功能

在影响人口变动的因素中还有大量非数量化的文本类因素，这些文本因素会对人口变动产生重要影响，甚至是决定性的影响。如果在人口预测中不考虑这些因素，势必影响人口预测的精度。因此，人口预测模型还应该具有能够处理文本因素的能力。

3.4.5 具有针对性

不同国家或地区中人口变动的特点不一样，影响人口变动的因素也会有差别，因此，在利用人口预测模型进行人口预测时，要根据该国家或地区的特点有针对性地选择最合适的模型；同时，不同的模型中输入的数据类型和种类会有差别，对数据的精度要求也不一样。因此在进行人口预测时，若盲目地应用某一模型而不能结合具体情况，那么利用这种模型预测的结果也必然不会很理想。

3.5 我国人口预测模型现状

我国对人口预测问题的研究可以追溯到 20 世纪 50 年代，著名人口学家马寅初先生在其著作《新人口论》[91] 中指出了当时中国人口生育率过高、人口增长过快的问题，以及由此将会产生的能源、环境、粮食危机等问题，并提出了控制人口的建议。当时他只是根据生育率和社会状况进行了推论，并没有建立严格的数学人口预测模型。

到 20 世纪末期，由于我国人口的快速增长，以及随之产生的经济与社会问题日渐突出，人口预测研究再次引起人们广泛重视，人口预测领域发展迅速，成果显著。目前，我国人口预测主要围绕以下两种方法展开相关预测及研究。

3.5.1 应用统计类预测模型对我国人口进行预测

由于影响我国人口增长的因素较多，因此一些能够并行考虑多个影响因素的预测模型，比如 Logistc 模型、凯菲茨和莱斯利矩阵模型以及人口发展方程等，在我国的人口预测中应用得比较多。且在应用过程中，我国的学者们还结合了我国的具体国情，对这些模型进行了适当的优化和改进。

在 Logistic 人口增长模型应用方面，考虑到环境对人口的承载力是很难计算的，并且在人口发生负增长的情况下是无法进行预测的，潘大志等人（2009）在原模型的基础上考虑到环境资源的限制，添加了竞争项，建立了 Logistic 生物微分模型。这一模型相较原始的 Logistic 人口增长模型具有更强的稳定性，对于模型中资源承载力的考虑也更加合理。文章最后还以四川省为例，对其人口进行了中长期预测，取得了良好的效果，平均误差控制在 0.14% 以内[92]。在对传统的 Logistic 人口增长模型进行推导求解的过程中，代涛等人（2010）认为，在实际中，相对于连续的动力方程模型，离散的模型更具可行性。通过对原始的 Logistic 人口增长模型离散化，代涛等人建立了离散的 Logistic 人口增长模型，即虫口模型。并通过引入混沌优化算法、非线性最小二乘法和高斯—牛顿法等数学方法，求得相应参数。模型还以湖北省 1949—2005 年历年总人口数为样本数据，采用了这一改进的 Logistic 人口增长模型对湖北省 2010、2020、2030 年的总人口进行了预测，得到了较好的短期预测效果[93]。但是这种模型所具有的最大的缺陷就是对于公式中所需要的环境对人口承载力的数字表示依然难以准确把握，影响人口数量的文本类因素同样未能考虑进去，难以保证预测结果的精确性和稳定性。

在矩阵类人口预测模型的应用方面，王晓皋（1984）将凯菲茨矩阵模型引入国内人口预测领域，通过例证对凯菲茨矩阵模型的原理和计算过程进行了详细阐释，并分析了模型中的生育率、存活率等各参数的求解方法，使我们对于如何用矩阵乘法预测人口的原理一目了然[94]。朱艳伟（2010）则利用凯菲兹矩阵模型，采用逐年递推的方法对我国的人口进行了预测[13]。在预测中，生育率和存活率使用实际统计数据，采用逐年、循环计算的方式来预测人口增长趋势。赵丽棉和黄基廷等人（2010）认为，考虑到不同年龄的个体具有不同的生育率和死亡率这一事实，莱斯利矩阵模型更加适合对我国人口进行预测。在综合考虑我国人口的年龄机构和性别比例、建立了生育率和死亡率模型的基础上，文章又将人口分为城镇人口和农村人口分别予以研究，建立了基于莱斯利矩阵模型下的我国人口预测模型。同时，文章利用了莱斯利矩阵模型对中国 2050 年以前的人口规模进行了预测，并以 2007 年以前的人口数量作为检验数据，相对误差不到 1%[83]。但是，这种矩阵乘法预测模型的缺陷在于它所需要的数据比较多，诸如生育率、存活率等因素每年都会变化，在长期预测中难以把握；同时，这种模型对于迁移因素导致的人口变化没有考虑，而这一因素对于一个地区人口的增长有着非常重要的影响。

3.5.2　应用创新型智能化预测模型进行人口预测

灰色模型、神经网络等创新型智能化预测方法的出现，为人口预测方法增加了新的预测手段，开辟了人口预测方法的一个新领域。

在灰色模型的应用方面，郝永红（2002）构建了一个灰色动态模型预测人口变化。在该模型中，只预测一个值，采用逐个预测依次递补的方式，逐步降低灰度，达到提高预测精度的目的，并利用 1950 年以后的人口数据对 1995 年以后的人口进行了预测，5 年预测误差控制在 0.5% 以内[95]。门可佩等人（2007）则又将灰色模型具体发展为离散灰色增量模型和新初值灰色增量模型，在两种模型下相互对照，提高准确度。模型利用历年人口数据，对 2003—2005 年我国总人口数进行检验性预测，取得了较高的精确度[96]。卞焕清教授（2012）构建了一个灰色马尔科夫链人口预测模型，提高了传统的单一预测模型的准确度，并利用此模型对南京市的人口进行了预测，取得了0.054%的相对误差均值，从而证明了这种改进的预测模型的可行性[97]。

在神经网络模型的应用方面，吴劲军（2004）将 BP 神经网络模型引入人口预测领域，从这一模型的原理出发，结合人口预测的特点，论证了这一模型在人口预测方面的可行性。随后，又从配置阶段、训练阶段和预测阶段 3 个方面建立了人口预测的 BP 神经网络模型，并以江西省 1949—1999 年间的人口数据为基础，以江西省 2000—2001 年的人口数据作为检验数据，利用神经网络模型进行实际预测，相对误差仅为 1% 和 0.2%[98]。尹春华等人（2005）通过实例，详细阐述了利用 BP 神经网络模型进行人口预测的步骤，并以辽宁沈阳某区的婴儿出生数量为例进行了实例预测，结果与实际情况基本吻合[27]。作为一种新兴的智能化的预测方法，BP 神经网络模型被引入国内人口预测领域的时间并不长，其中许多细节和具体操作仍有待改进，尤其是对于其中参数的设置、变量的引进，以及这种方法与 Matlab 等软件工具的结合需要进一步研究。

从以上研究可以发现，随着时代的进步和新的预测技术的不断出现，我国人口预测方法在实践中也不断得到完善和发展。预测方法的发展突出表现在以下两个方面：①在影响因素方面，人口预测模型从仅考虑单一影响因素逐渐发展为同时考虑多个影响因素，对影响人口增长的影响因素考虑得越来越全面，预测精度也随之提高。②在预测模型的构建和应用方面，从仅应用和改进统计类预测模型逐步发展到应用和优化创新型智能化预测模型，将先进的人工智能技术逐步引入到人口预测领域中来，形成人口预测领域的新的发展方向，进一步提高了人口预测的有效性和准确度。

3.6　我国人口预测模型中存在的问题及其相应对策

3.6.1　我国人口预测模型中存在的问题

尽管我国人口预测模型和方法在不断的发展和进步，并且到目前为止已经取得了一定的研究成果，但是在预测中仍然存在诸多难以解决的问题。最突出的问题表现在以下 3 个方面：

（1） 预测输入数据缺乏系统性、统计口径不统一的问题。

影响人口增长的因素很多，如何在海量数据中将影响人口的数量化因素挖掘出来并进行恰当的预处理，代入预测模型，提高预测的准确度，是目前预测领域中亟待解决的问题之一。目前我国人口预测工作中，每个预测者输入预测模型的数据都各不相同，即便是相同的影响因素，由于各地区统计口径的不同也存在差异。例如，对一个地区人口数量有重大影响的流动人口和迁移人口的统计，由于界定标准、统计方式的不同，不同部门、不同时间下就会有不同的结果[99]，这就会对整个地区人口数量的统计结果有很大影响，从而导致了预测结果的不准确性。由于没有形成符合我国国情的、囊括影响我国人口增长的全部数据类影响因素的完整的数据体系，因此，预测者们的预测结果无法加以比较。这种由于数据方面的不完整、不系统及统计口径的不统一而导致的预测结果的不理想，成为我国人口预测过程中面临的首要问题。

（2） 文本类知识性影响因素的挖掘与输入问题。

目前人口预测所考虑的因素主要是数量化影响因素，但事实上，人口政策、经济发展、城市化进程、地理环境、甚至心理因素等一些非数量化的文本类知识因素对人口增长同样起到至关重要的作用。尤其是在对北京、上海等大城市的人口增长进行预测时，如果不考虑生育政策、经济发展、城市化进程等一些对人口增长有重要影响的文本类知识性因素，只单纯地应用生育率、死亡率等数量化影响因素进行预测，那么无论使用何种先进的预测模型，其最终的预测结果都不会理想。因此，如何展开对人口增长有重要影响作用的文本类知识性影响因素进行深入的挖掘，如何对这一类的影响因素进行恰当的预处理，使之能够被代入预测模型，较大幅度提高预测精度，是我国乃至世界人口预测领域面临的前沿和难点问题之一。

（3） 预测模型需要进一步完善的问题。

目前我国人口预测中应用较多的预测模型依然是传统的基于统计学原理的预测模型，而统计类预测模型在我国的人口预测中主要存在以下方面的制约：①对数据的要求较高，如果数据不完整、有缺失、口径不统一，预测结果就不会理想；②尽管矩阵模型可以同时考虑多个影响人口增长的数量化因素（见公式 3 - 6、3 - 7），却很难并行处理大量的数量化影响因素；③无法处理文本类知识性影响因素。而创新型智能化的神经网络预测模型在可以并行处理大量数量化影响因素的同时，还可以在一定程度上处理文本类知识性因素。因此，创新型智能化预测模型在预测领域有巨大的发展空间，目前我国已有一些学者开始使用这类模型对人口增长进行预测，但仅仅出于初级尝试阶段，如何将统计类预测模型与智能类预测模型有机结合、如何对神经网络预测模型进行有效优化、如何将文本类知识性影响因素经恰当的预处理后代入智能化预测模型，最终提高人口预测精度，成为了人口预测领域面临的另一个前沿和难点问题。

3.6.2 解决问题的相应对策

针对我国人口预测模型中存在的上述问题，我们应该在未来的人口预测方法方面着重开展并促进以下几个方面的研究工作：

（1）对影响我国人口增长的数量化影响因素进行数据挖掘，尽快构建影响我国人口增长的数量化影响因素的数据库。

运用数据挖掘方法对影响我国人口增长的各种数量化影响因素进行深入挖掘，并进行系统的排序、分析和整理；同时，对各种数量化指标的统计口径进行统一化的要求和处理。在此基础上，构建影响我国人口增长的数量化影响因素的数据库，为我国进行准确的人口预测奠定系统性数据基础，避免由于数据不系统和口径不统一造成的预测误差，同时使得预测模型的预测精准度在输入同类数据的基础上具有较强的可比性。

（2）对影响我国人口增长的文本类知识性影响因素展开知识挖掘，尽快构建我国人口增长文本类知识性影响因素的文本类知识库。

运用知识挖掘方法对影响我国人口增长的各种文本类知识性影响因素进行深入挖掘，进行知识发现、知识排序、知识推理、知识转化等一系列工作，最终构建我国人口影响因素的文本类知识库。将文本类知识性影响因素在人口预测中加以考虑，可以避免在预测中由于仅输入数量化影响因素、忽略知识性因素导致的预测精度不高的问题，尤其是在我国城市化进程不断加快的背景下，这种对文本类知识性影响因素的挖掘及将其在预测中加以应用，对提高我国大中型城市人口增长的预测精度具有重要的作用。

（3）对智能化预测模型进行深入研究，引导我国人口预测方法尽快步入智能化预测的新阶段。

随着计算机技术和各种智能算法的不断发展，预测方法逐步朝着智能化的方向发展，智能预测不可避免地成为预测领域未来的发展趋势。运用神经网络智能预测方法对预测目标进行预测，在对数据处理和文本知识处理方面，具有统计类预测方法无法比拟的优势。当然，神经网络预测方法目前也存在需要进一步优化、提高运算速度、提高寻优能力以及提高结构稳定性等问题。因此，进一步研究如何对神经网络预测模型进行优化的各种方法，进一步研究如何将文本类知识因素经恰当的预处理后代入神经网络预测模型，通过对数量化影响因素和文本类知识因素的复合知识挖掘和复合知识输入，突破性提高我国人口预测精度，具有十分重要的意义。目前，尽管有一些研究者将神经网络预测方法运用到了人口预测方面，但仅仅是一种初步的尝试，尚未展开深入和系统性的研究。因此，在人口预测领域，急需开展对智能化预测方法的系统性的研究，使得我国人口预测方法早日进入智能化预测新阶段。

3.7 本章小结

本章首先介绍了基于统计原理的传统型的人口预测模型，主要包括指数模型、Logistic 人口增长模型、马尔科夫链模型、凯菲茨矩阵模型、莱斯利矩阵模型、自回归滑动平均模型和人口发展方程等，并对这些模型的优缺点和使用范围进行了全面的对比分析。其中，Logistic 人口增长模型是在指数模型基础上发展而来的，考虑到了环境因素对人口的限制，更符合实际；马尔科夫链模型在人口数据不全的情况下更具优势；凯菲茨矩阵模型和莱斯利矩阵模型则考虑了更多的因素，如死亡率和性别比例等，后者还考虑到了人口迁移因素；自回归滑动平均模型操作简单，但对数据的要求更高，尤其是长期预测，精度会很低；人口发展方程由我国学者首先提出来，考虑因素更多更全面，对我国人口预测的适用性更强。

其次，介绍了基于非统计原理的创新性智能化的人口预测模型，主要有灰色模型和神经网络模型。其中，灰色模型是在灰色理论基础之上建立的，依据广义能量变化规律将历史资料做累加处理，使其呈现出指数变化规律，然后建模。这种建模思想相对于传统的统计类预测模型来说是一种突破和创新，但其局限是只适用于小样本、波动小的非线性数据的处理。神经网络模型属于智能化的预测模型，具有多指标输入、非线性处理能力、自主学习和自我调整等特点，但也存在着诸如学习收敛速度缓慢、容易陷入局部最优、完全不能训练、网络的结构参数和学习参数的选取尚无统一指导等问题。随后重点介绍了 BP 神经网络和 RBF 神经网络两种常用的神经网络模型，并对这两种模型的优缺点及性能进行了分析和对比。

再次，本章从理论和实证两个方面对传统的基于统计学原理的人口预测模型和创新性智能化的预测模型进行了比较分析。其中，理论分析着重从建模的理论基础、对数据的要求、对数据的处理方法、模型结构的稳定性与适应性、预测精度和预测难度与预测时间长度 6 个方面，对基于统计学原理的传统的预测方法和基于非统计学原理的智能化的预测方法进行了对比分析，指出了各自的优势及不足；实证分析则以传统的 Logistic 人口预测模型和智能化的神经网络模型（BP 神经网络和 RBF 神经网络）为例，从模型的拟合效果和预测效果两个方面进行对比分析，结果显示，无论是从拟合结果还是预测结果来看，神经网络模型都要优于传统的 Logistic 模型，但神经网络模型本身也存在一些问题，有待进一步优化改进。但总体来说，相对于传统的预测方法，智能化的预测方法优势明显，未来应用前景更加广阔。

在以上对各种不同人口预测模型综合分析的基础上，指出人口预测模型的功能及应有的特点，即具有并行处理大量非线性数据、自主学习和自我调整、多指标同时输入、处理非量化文本因素和具有针对性等。

随后，本章从传统的统计类预测方法和创新的智能化预测方法两个方面，对我国人口预测方法的现状进行了分析。其中，在传统的统计类预测方法中，着重介绍了 Logistic 模型、矩阵模型和人口发展方程 3 种模型；创新的智能化预测方法则主要介绍了神经网络模型和灰色模型在我国人口预测中的应用。

最后，从我国具体国情出发，指出我国人口预测方法中存在的诸如预测输入数据缺乏系统性、统计口径不统一、文本类知识性影响因素的挖掘与输入和预测模型需要进一步完善等问题，并对此提出了几点解决对策，希望能为人口预测领域的研究提供有益的借鉴。

第4章　基于生物进化算法优化的
神经网络人口预测模型分析与实证

在前几章的分析中我们发现，神经网络模型本身存在一定的缺陷，如学习收敛速度缓慢、容易陷入局部最优等，本章将介绍 3 种主要的神经网络优化算法，并通过实证分析找出最优的优化模型，为下一步的研究奠定基础。

4.1　遗传算法

4.1.1　遗传算法概述

遗传算法（Genetic Algorithm，GA），是一种基于自然群体遗传演化机制的高效探索算法。它是美国学者 Holland 于 1975 年首先提出，起源于 20 世纪 60 年代对自然和人工自适应系统的研究[100-101]。

遗传算法的基本结构可以描述如下：

随机初始化种群 $P(0) = \{x_1, x_2, \cdots, x_N\}, t = 0$；

计算 $P(0)$ 中个体的适应值；

While（不能满足终止条件）

对 $P(0)$ 中的个体进行遗传操作，形成新的个体，得到新的种群 $P(t+1)$；

计算 $P(t+1)$ 中的个体适应值，$t = t+1$。

用遗传算法解最优化问题，首先应对可行域中的个体进行编码，然后在可行域中随机挑选指定群体大小的一些个体组成作为进化起点的第一代群体，并计算每个个体的目标函数值，即该个体的适应度。接着就像自然界中一样，利用选择机制从群体中随机挑选个体作为繁殖过程前的个体样本。选择机制保证适应度较高的个体能够保留较多的样本而适应度较低的个体保留较少的样本，甚至被淘汰。在接下去的繁殖过程中，遗传算法提供了交叉和变异两种算法对挑选后的样本进行交换和基因突变。交叉算法交换随机挑选的两个个体的某些位，变异算子则直接对一个个体中随机挑选的某一位进行突变。这样通过选择和繁殖就产生了下一代群体。重复上述选择和繁殖过程，直到结束条件得到满足为止。进化过程最后一代中的最优解就是用遗传算法解最优化问题所得到的最终结果。

4.1.2　遗传算法的基本步骤

遗传算法的步骤大致如下：

（1）编码，用实数来表示问题的解个体；

（2）种群初始化，按照种群规模生成 M 个随机的个体作为初始种群；

（3）计算群体中各个个体的适应度；

（4）选择运算，按照选择算子选择合适的个体作为进化的父本。一定概率的最优父本可以自接复制到下一代种群，其余的则在选择后进行交叉和变异；

（5）交叉运算，按照交叉算子对选出的父本进行交叉；

（6）变异运算，将交叉后的个体进行变异操作，种群经过选择、交叉、变异运算之后得到下一代群体；

（7）重复上述步骤，直到规定的次数或新种群已经满足条件为止。然后在最后一代找出最佳解。

这里要注意的是，应该按一定的比例保留种群中适应度最大的个体，把它保留到下一代当中。

4.1.3　遗传算法的特点

遗传算法是一类可以用于复杂系统优化计算的全局性搜索算法，与其他一些优化算法相比，它主要有下述几个特点：①自组织、自适应和自学习性；②遗传算法直接以目标函数的值作为搜索信息；③遗传算法的并行性。

4.1.4　建立遗传算法优化的神经网络人口预测模型

前向神经网络的训练问题实际上也是一种优化问题，即寻找最优的联接权值，使神经网络的输出与目标函数之差极小。一般而言，神经网络和遗传算法相结合的方式有以下几种：利用遗传算法作为神经网络的学习算法，即用遗传算法来训练神经网络的权值和阈值；利用遗传算法来决定神经网络的拓扑结构；二者的结合。本书的模型主要是第一种方式，即用遗传算法来优化神经网络的权值和阈值，建立基于 GA 算法优化的神经网络模型，从而防止传统的神经网络学习过程容易陷入局部最优解的问题。

用遗传算法优化神经网络的过程可以表述如下：

（1）随机产生一组分布，采用某种编码方案对该组中的每个权值（或阈值）进行编码，进而构造出一个个码链，在网络结构和学习算法已定的前提下，该码链就对应一个权值和阈值取特定值的一个神经网络；

（2）对所产生的神经网络计算它的误差函数，从而确定其适应度函数值，误差与适应度成反比关系；

（3）采用适应度比例法对个体进行排列，选择若干适应值较大的个体，直接遗传给下一代；

（4）进行交叉运算，即按设定概率从种群中随机选择两个个体相互交换；

（5）进行变异运算，定义随机的变异点，在变异点上变异为（−1，1）的值。通过对个体进行交叉，变异等自适应调整，采用改进的遗传算法，形成新一代群体；

（6）重复步骤 2 − 5，使初始确定的一组权值分布得到不断的进化，直到训练目标得到满足或者迭代次数达到预设目标为止。

用遗传算法优化神经网络权值的算法框图如图 4 − 1 所示。

将经过优化后的权值和阈值代入神经网络，便可以得出网络输出，即预测结果。遗传算法在神经网络中的应用主要反映在两个方面：网络的学习和网络的结构设计。在神经网络中，遗传算法可用于网络的学习。这时，它在两个方面起作用：学习规则的优化和网络权系数的优化。用遗传算法设计一个优秀的神经网络结构，首先要解决网络结构的编码问题，然后才能以选择、交叉、变异操作得出最优结构。编码方法主要有下列 3 种：①直接编码法；②参数化编码法；③繁衍生长法。

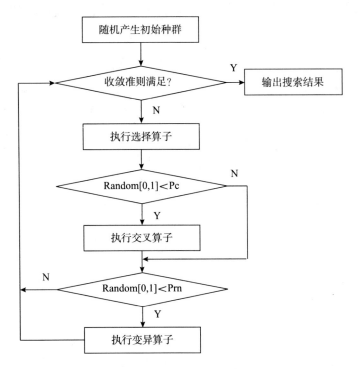

图 4 - 1   遗传算法优化神经网络权值流程图

4.2   粒子群算法

4.2.1   粒子群算法概述

自然界中各种生物体均有一定的群体行为，群体智能的主要研究领域就是探索自然界生物的群体行为，从而在计算机上构建群体模型。生物行为可以由几条简单的规则进行建模，如鱼、鸟、蚂蚁等，虽然每一个个体具有非常简单的行为规则，但群体的行为却非常复杂。群体智能算法属于进化算法的一种，主要包括粒子群算法、鱼群算法和蚁群算法等。

粒子群优化算法是研究人员受到生物系统运行机制的启发而建立和发展起来的一个研究工具，最早由 Kelmcy 和 Eberhart 于 1995 年提出，其源于对鸟类飞行捕食行为的研究，是一种基于群体智能方法的进化计算技术。粒子群优化算法采用速度—位置搜索模型，每个问题的解对应搜索空间中一只鸟的位置，这些鸟称为粒子。粒子是一个虚构的概念，它没有质量和体积，仅仅有自己的位置和速度。每个粒子位置就是解空间中的一个潜在解，用粒子位置对应的适应值函数大小来评价粒子的"优劣"。每个粒子的速度决定它们飞翔的方向和距离，并根据自己和同伴的飞行经验进行动态调整，即通过跟踪两个位置来更新自身。一个是粒子本身目前所找到的最优解 pbest，即个体最好位置；另一个是整个粒子群当前找到的最优解 ghest，即全局最好位置[102 - 103]。

4.2.2　粒子群算法的基本步骤

粒子群算法的运行，第一步是要初始化随机粒子的随机速度和位置，并根据下面两个公式来更新粒子的速度和位置：

$$V_{t+1} = w \times V_t + c_1 \times \text{rand}(\ ) \times (\text{pbest} - x_t) +$$
$$c_2 \times \text{rand}(\ ) \times (\text{gbest} - x_t) \qquad (4-1)$$
$$x_{t+1} = x_t + V_{t+1} \qquad (4-2)$$

其中，

V_t——当前粒子 t 时刻的速度；

x_t——当前粒子 t 时刻所在的位置；

rand( )——随机函数产生 0～1 之间的随机数；

W——惯性权重；

c_1、c_2——加速常量。

W 惯性权重的作用是控制前一次迭代产生的粒子速度对本次飞行速度的影响，可以影响粒子的全局搜索能力和局部搜索能力；粒子群进行的全局搜索主要是通过较大的 w 值来实现，而局部搜索则是通过较小的 w 值来实现。因此为平衡全局和局搜索能力需要选择一个合适的 w，这样不但可以找到最优解，而且可以实现最少的迭代次数。

公式 4 - 1 中的第一部分为记忆部分，表示粒子根据对当前自身运动状态的信任而依据自身速度进行惯性运动；第二部分为认知部分，表示粒子根据本身的思考行为飞向自身曾经发现的最佳位置；第三部分为社会部分，表示粒子根据与群体中其他粒子之间的信息共享和相互合作飞向粒子群的最佳位置。三部分之间相互平衡、相互制约，共同决定了算法的主要性能。公式 4 - 2 用于计算粒子速度更新后的位置，它由粒子当前位置和粒子更新后的速度决定。

标准粒子群算法的计算程序为：

（1）设定学习因子 c_1、c_2 和惯性权重 w 以及最大进化代数 T_{max}，将当前进化代数置为 $t=1$，在定义域范围内随机产生粒子群 $x(k)$，包括粒子初始位置 $x(t)$ 和速度 $v(t)$，并将其初始位置作为个体的历史最优位置，即个体极值；

（2）按照每个粒子的当前位置，根据适应度函数（如最小均方误差函数）计算粒子的适应值，并将其中适应度最高的粒子位置作为粒子群的历史最优位置，即群体极值；

（3）按照公式 4 – 1 和 4 – 2 更新所有粒子的速度和位置，产生新的种群 x $(t+1)$；

（4）重新计算每个粒子当前位置的适应值，并与其个体极值进行比较，如果更好，则将粒子的历史最优位置更新为粒子的当前位置；

（5）将每个粒子的个体极值与群体极值进行比较，若更好，则将该粒子的个体极值更新为当前的群体极值，即将该粒子的当前位置作为群体的历史最优位置；

（6）检查收敛条件，若 $t=T_{max}$，则终止算法并输出结果；否则，令 $t=t+1$，然后返回步骤（3）。

4.2.3　粒子群算法的特点

粒子群算法的特点表现在以下 3 个方面：

首先，从心理学的角度来看，粒子群算法某种程度上可以这样加以解释：在寻求一致的认知过程中，个体往往会记住它们的信念，同时考虑同伴们的信念，当个体察觉同伴的信念较好时，它将根据同伴的信念进行适应性的调整。

其次，从社会学的角度来看，粒子群算法是对社会行为的模拟，即利用信息共享机制，使个体间可以相互借鉴经验，从而促进整个群体的发展。

最后，由于粒子群具有操作简单、使用方便、鲁棒性强、适用于并行处理等优点，因此在多目标优化问题、神经网络训练、系统控制等领域取得了较好的效果，展现出了其优异的性能和巨大的发展潜力。

4.2.4　建立粒子群算法优化的神经网络人口预测模型

神经网络与粒子群算法的结合主要有正反两种方式：一是利用粒子群算法的全局搜索能力来优化神经网络的拓扑结构、连接权值和学习规则，以提高神经网络的泛化能力和学习效率，从而改进神经网络的整体搜索性能。二是将神经网络嵌入到粒子群算法当中，利用神经网络良好的学习性能来改进粒子群算法的优化性能。

利用粒子群算法优化神经网络拓扑结构从而建立股指预测模型的方法与步骤可概括为：

（1）随机生成若干不同结构的神经网络并分别对结构编码，每一结构对应一个粒子，合并为粒子的初始种群；

（2）采用多种不同的连接权值和参数对网络逐个训练，计算每个粒子所对应网络的误差函数，并利用误差函数确定个体的适应度函数；

（3）确定粒子的全局极值和局部极值，并进行粒子位置的调整与更新；

（4）若粒子群中某一个体的适应度已满足设计要求，则终止训练并输出结果；否则，返回（2）。

粒子群神经网络对连接权值和阈值的训练步骤可以概括为：

（1）确定神经网络的结构与学习规则，并根据网络的连接权值和阈值确定粒子的维度；

（2）利用混沌迭代产生一组网络参数与权值，并将参数与权值借助于编码构成粒子序列，每个粒子对应一种权值和参数的分布状态；

（3）依据粒子序列将种群划分为若干小生境子群，然后随机生成各粒子的初始速度与初始位置；

（4）计算每个粒子所对应神经网络的输出误差，并将该误差作为对应粒子的适应值，进而确定粒子的个体历史最优值和每个子群的群体历史最优值，以及所有粒子的总体历史最优值；

（5）按照改进粒子群算法程序进行指数定标和调整惯性权重，更新粒子的速度与位置，并执行小生境淘汰策略。

4.3　微分进化算法

4.3.1　微分进化算法概述

1995 年，Storn R. 与 Price K. 提出了一种新兴的进化计算方法——微分进

（Differential Evolution，DE）算法。同其他进化算法一样，DE 算法也是基于种群进化的方式，对候选解的种群进行操作。首先，算法产生一些初始值作为初始种群的个体，然后经过不断的交叉、变异和选择这三个过程，产生新一代的种群。变异和交叉的作用是为了产生多样性好的子代个体，而选择的作用就是为了使后代个体优于或等于父代个体。这样，种群逐步向全局最优进化，最终达到最优解[104-105]。

4.3.2　微分进化算法的基本步骤

微分进化算法的基本思想为：对种群中的每个个体 i，从当前的种群中随机的选择三个点，以其中一个点为基础、另两个点为参照做一个扰动，所得点与个体 i 交叉以后进行"自然选择"，保留其中的较优者，实现种群的进化。为不失一般性，设待求解的优化问题为 $\min f(x)$（其中 $x \in R^n$），则微分进化算法描述为：

（1）初始化进化参数：种群规模 N，交叉概率 CR，交叉因子 F，进化代数 t，自变量下界 X_j^l 和上界 X_j^u，随机生成初始种群 $\{X_1(0)$，$X_2(0)$，$X_3(0)$，…，$X_N(0)\}$，其中 $X_i(0) = (x_1^{(i)}, x_2^{(i)}, \cdots, x_n^{(i)})$；

（2）个体评价：计算每个个体 $X_i(t)$ 的目标值 $f(X_i(t))$；

（3）种群繁殖：对种群中的每个个体 $X_i(t)$，随机生成三个互不相同的整数 r_1，r_2，$r_3 \in \{1, 2, \cdots, N\}$ 以及随机整数 $j_{rand} \in \{1, 2, \cdots, n\}$，并且

$$x_j^{(i)'}(t) = \begin{cases} x_j^{(f_1)}(t) + F(x_j^{(f_2)}(t) - x_j^{(f_3)}(t)), & \text{if } rand[0,1] < P_c \text{ } or \text{ } j = j_{rand} \\ x_j^{(i)}(t), & \text{otherwise} \end{cases}$$

$$(4-3)$$

（4）选择：

$$X_i(t+1) = \begin{cases} x_j^{(i)'}(t), & \text{if } f(x_j^{(i)'}(t)) < x_j^{(i)}(t) \\ x_j^{(i)}(t), & \text{otherwise} \end{cases}$$

$$(4-4)$$

（5）终止检验：如果种群 $X_i(t+1)$ 满足终止准则，则输出 $X_i(t+1)$ 中具有最小目标值的个体作为最优解，否则重新转至步骤（2）。

4.3.3　微分进化算法的特点

微分进化算法与其他算法最大的不同之处是，它的变异算子是从当前种群

中选取的两个或多个任意个体做差值运算，并乘以系数得到的；其他一些进化算法的变异算子是定义的概率分布函数[106]。同其他进化算法相比，DE 算法具有鲁棒性好、控制参数少和全局搜索能力强等优点，是目前最流行的优化算法之一。

4.3.4　建立微分进化算法优化的神经网络人口预测模型

由于 RBF 神经网络在应用过程中存在计算速度慢、全局寻优能力有限等方面的不足，因此，用全局搜索能力较强的 DE 算法对其进行优化，可提高其搜索速度和寻优能力。优化过程如下：

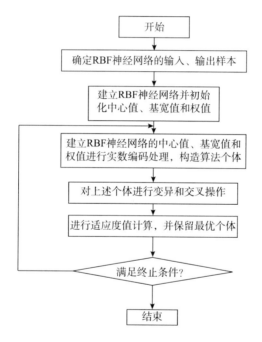

图 4 - 2　DE 算法优化 RBF 神经网络示意图

4.4　三种算法的比较分析

遗传算法、粒子群算法和微分进化算法三种算法的共同特点是鲁棒性较强，对基本算法模型稍加修改，便可以应用于其他问题；具有并行性，易于并行实现；很容易与多种启发式算法结合，以改善算法的性能。并且从算法的步骤和过程来看，三个算法都对初始值不做要求，可以从各个点开始朝最佳值的方向搜索。三种算法虽然都是搜索和迭代的过程，但这个寻优的过程大不相同。

遗传算法的交叉和变异可以保证种群多样化，选择保证了优秀的个体进入下一代种群。遗传算法的选择、交叉和变异的方法有很多种，尤其是选择，通常所用的选择方法是轮盘赌选择法，但在很多情况下，单独用这种方法容易掉进局部最优解，所以有时候经常把两种或两种以上的选择方法结合起来进行选择。当然用不同的选择方法其结果可能相差很大。

粒子群算法中每个个体是既关注自身迭代过程中的最佳值，并且关注整个种群的最优值，再结合自身当前状态，由这三个因素来控制其收敛方向。

同遗传算法一样，微分进化算法包含变异和交叉操作，但同时相较于遗传算法的选择操作，微分进化算法采用一对一的淘汰机制来更新种群。微分进化算法采用对个体进行方向扰动，以达到对个体的函数值进行下降的目的。同其他进化算法一样，微分进化算法不利用目标函数的梯度信息，因此对目标的可导性甚至连续性没有要求，适用性很强。同时，微分进化算法与粒子群优化有相通之处，但因为微分进化算法在一定程度上考虑了多变量间的相关性，因此相较于粒子群优化在变量耦合问题上有很大的优势。

但总体而言，与粒子群算法相比，微分进化算法的计算能力更强，不易陷入局部最优解，参数依赖性弱，但收敛速度慢；与遗传算法相比，微分进化算法采用实数而非二进制编码，精英保存策略更为明显，不会出现更差个体取代父代个体的情况。凭借以上优势，微分进化算法得到了更加广泛的重视和应用。

4.5 基于优化算法的 RBF 神经网络人口预测实证分析

本节分别用 GA、PSO 和 DE 三种优化算法对 RBF 神经网络进行优化，构成 GA – RBF、PSO – RBF 和 DE – RBF 三种不同的优化 RBF 神经网络模型，然后将单一人口数据指标和多种人口数据指标的组合分别输入 RBF 神经网络预测模型及上述三种优化的预测模型之中，选取预测效果最好的模型作为后面研究的基础模型。

4.5.1　单一指标预测

在人口预测中，最常用的指标就是历史人口数量，因此，本节以 1980—2003 年之间共计 24 组北京人口数量数据作为训练数据，对 2004—2013 年总计 10 年的人口数量进行预测，以上 4 种模型的预测结果和误差如表 4 - 1、图 4 - 3、4 - 4 所示。

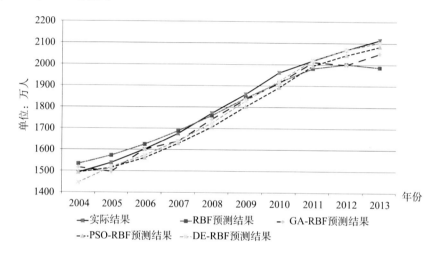

图 4 - 3　不同模型下预测结果对比（单一指标）

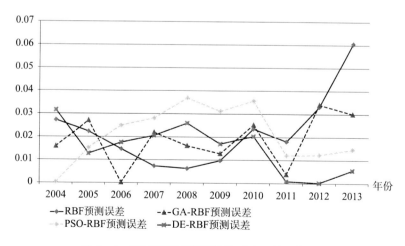

图 4 - 4　不同模型下预测误差对比（单一指标）

表4-1 单一指标（历史人口数量数据）预测结果和误差

预测年份（年）		2004	2005	2006	2007	2008	2009	2010	2011	2012	2013	平均误差（绝对值）
期望输出（万人）		1492.7	1538	1601	1676	1771	1860	1961.9	2018.6	2069.3	2114.8	
RBF	预测结果（万人）	1533.4	1572.3	1624.5	1688.3	1759.8	1841.9	1915.6	1982.1	2000.7	1986.8	
	预测误差	2.73%	2.23%	1.47%	0.74%	-0.63%	-0.97%	-2.36%	-1.81%	-3.31%	-6.05%	2.23%
GA-RBF	预测结果（万人）	1516.3	1496.4	1600.7	1639.2	1742.6	1836.3	1912.2	2010.8	1998.8	2051.3	
	预测误差	1.58%	-2.70%	-0.02%	-2.20%	-1.61%	-1.27%	-2.53%	-0.39%	-3.41%	-3.01%	1.87%
PSO-RBF	预测结果（万人）	1493.2	1514.6	1561	1628.8	1705.8	1802	1891.9	1994.3	2043.9	2083.8	
	预测误差	0.03%	-1.52%	-2.50%	-2.82%	-3.68%	-3.12%	-3.57%	-1.20%	-1.23%	-1.46%	2.11%
DE-RBF	预测结果（万人）	1445.6	1518.5	1573	1641.5	1725	1828.5	1922	2020.4	2069.7	2102.9	
	预测误差	-3.16%	-1.27%	-1.75%	-2.06%	-2.60%	-1.70%	-2.03%	0.09%	0.02%	-0.56%	1.52%

从以上结果可以看出，在输入数据为"历史人口数量"这一单一指标下，DE – RBF 神经网络模型预测误差最小，效果最好，GA – RBF 模型次之，未经优化的 RBF 模型预测效果最差。

4.5.2   多指标预测

在人口预测中，除了历史人口数量外，经常使用的指标主要是出生率和死亡率，因此本节将输入指标改成"历史人口数量 + 出生率 + 死亡率"指标组合，仍然用上面所使用的 4 种预测模型对 2004—2013 年总计 10 年的北京市人口数量进行预测，预测结果和误差如表 4 – 2 所示。

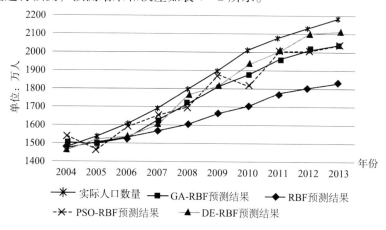

图 4 – 5   不同模型下预测结果对比（多指标）

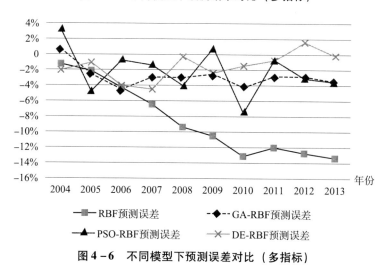

图 4 – 6   不同模型下预测误差对比（多指标）

表 4 - 2　多指标（历史人口数量＋出生率＋死亡率）预测结果和误差

预测年份 （年） 期望输出 （万人）		2004	2005	2006	2007	2008	2009	2010	2011	2012	2013	平均误差 （绝对值）
		1492.7	1538	1601	1676	1771	1860	1961.9	2018.6	2069.3	2114.8	
RBF	预测结果 （万人）	1473.9	1505.2	1532.2	1567.7	1604.6	1663.9	1704.1	1776	1805.5	1832.2	8.53%
	预测误差	1.26%	2.13%	4.30%	6.46%	9.40%	10.54%	13.14%	12.02%	12.75%	13.36%	
GA - RBF	预测结果 （万人）	1503	1498.5	1528.4	1626.7	1718.1	1812.6	1878.2	1961.7	2010.4	2040.9	2.97%
	预测误差	0.69%	2.57%	4.54%	2.94%	2.99%	2.55%	4.27%	2.82%	2.85%	3.50%	
PSO - RBF	预测结果 （万人）	1539.7	1464.5	1588.4	1652.4	1699.4	1875.8	1813.3	2003.9	2004.9	2039.3	3.00%
	预测误差	3.15%	4.78%	0.78%	1.41%	4.04%	0.85%	7.57%	0.73%	3.11%	3.57%	
DE - RBF	预测结果 （万人）	1504.6	1517.9	1547.2	1617.9	1732.8	1796.5	1882.6	1978.4	2043.4	2083.2	2.33%
	预测误差	0.80%	1.31%	3.36%	3.46%	2.16%	3.42%	4.04%	1.99%	1.25%	1.49%	

从以上结果可以看出，在输入多指标组合下，DE – RBF 神经网络模型预测误差最小，效果最好，GA – RBF 模型次之，未经优化的 RBF 模型效果最差。

综合以上分析结果可以发现，无论是单一指标预测，还是多指标预测，经过 GA、PSO 和 DE 优化后的 RBF 预测模型均比未经优化的 RBF 预测模型精度更高；并且在优化的 RBF 神经网络模型中，DE – RBF 神经网络模型在两次预测中误差最小，预测效果最好。因此，文本将选用 DE – RBF 模型作为下一步研究的基础预测模型。

4.6　本章小结

本章首先介绍了三种常用的神经网络优化算法：遗传算法、粒子群算法和微分进化算法，并从算法的原理、实现步骤、特点及与神经网络的融合四个方面对这三种算法进行了分析，在此基础上对这三种算法进行比较分析，指出各自的优缺点和适用性；然后分别利用这三种算法对 RBF 神经网络进行优化，并与未经优化的 RBF 神经网络进行对比，结果显示：三种优化了的 RBF 神经网络模型的预测精度均优于未经优化的 RBF 神经网络，并且，经过微分进化算法优化的 RBF 神经网络模型（DE – RBF）的预测精度最高，因此，DE – RBF 将用于下一步的研究中。

第 5 章　影响北京市人口
增长的数量化因素挖掘

　　根据第 2 章影响北京市人口数量增长的因素分析中，我们初步整理出了对北京市人口数量变化有影响的两个数量化因素：人口出生率和死亡率。本章运用数据挖掘技术对这两个指标及其组合进行深入的挖掘分析，最终找出这两个指标及其组合与北京市人口增长的关系及对北京市人口增长的影响程度，为建立人口预测模型并输入有效的数据、实现准确的人口预测奠定基础。

5.1　数据挖掘

5.1.1　数据挖掘的概念

　　20 世纪 90 年代，全球范围内数据库中存储的数据量急剧增加，传统的以人工为主的处理数据的方式已经严重落后，跟不上时代的要求，人们开始寻找新的数据挖掘和处理技术。随着计算机互联网技术的出现和普及，知识挖掘技术应运而生[107]。知识挖掘也叫知识发现（Knowledge Discovery in Databases，KDD），是指从大量的数据资料集中识别有效的、新颖的、潜在有用的以及最终可理解的模式的非平凡过程[108]，其目的是将大量的数据融合成有序的、分层次的、易于理解的信息，并进一步转化成可用于干预预测和决策的知识（有价值的数据信息），是一个智能化、自动化的过程，是统计学、管理科学、计算机科学、模式识别、人工智能、机器学习与其他学科相结合的产物。知识挖掘主要包括数据准备、数据挖掘和结果表达及解释三个过程[109]。

　　数据挖掘是知识发现（KDD）的一个核心过程，有时也用其代指知识发现（KDD）[110]。目前对于数据挖掘并没有统一的定义。Fayyad（1996）将其定义为：从数据集中识别有效的、新颖的、潜在有用的和最终可理解模式的非平凡过程[109]；Bin Li（1998）将其定义为使用统计和人工智能技术从大量数据集中发现新颖、有用、非平凡模式的新兴领域[110]；D. Hand 等人（2001）将其定义为一门从大量数据或者数据库中提取有用信息的科学；Encyclopædia Britannica（2010）将其等同于知识挖掘，指在计算机科学中从大量数据中发现有趣、有用的模式及其关系的过程。简单地说，数据挖掘就是从大量数据集中提取或挖掘知识的过程[111]。

5.1.2　数据挖掘的步骤

数据挖掘是一个反复的过程，通常包含多个相互联系的步骤，如定义和分析主题、数据预处理、选取算法、提取规则、评价和解释结果、将模式构成知识，最后是应用。并且随着应用需求和数据基础不同，数据挖掘处理的步骤可能也会有所不同。通常，数据挖掘可以分为以下几个步骤：

（1）问题定义。

进行数据挖掘，首先必须分析应用领域，包括应用中的各种知识和应用目标。问题定义阶段就是了解相关领域的有关情况，熟悉背景知识，弄清用户要求。在确定用户的需求后，应对现有资源如已有的历史数据进行评估，确定是否能够通过数据挖掘技术来解决用户的问题和需求，然后将进一步确定数据挖掘的目标和制订数据挖掘计划。

（2）数据准备。

数据挖掘所处理的数据集通常不仅具有海量数据，而且可能存在大量的噪声数据、冗余数据、稀疏数据或不完全数据等。数据准备包括数据抽取、清洗、转换和加载等，具体包括数据的清洗、集成、选择、变换、规约，以及数据的质量分析等步骤。

（3）建立模型。

数据挖掘中的建模实际上就是利用已知的数据和知识建立一种模型，这种模型可以有效地描述已知的数据和知识，希望该模型能有效地应用到未知的数据或相似情况中。在数据挖掘中，可以使用许多不同的模型：关联规则模型、决策树模型、神经网络模型、粗糙集模型、数理统计模型和时间序列分析模型等。

（4）评价模型。

数据挖掘得到的模式有可能是没有实际意义或没有实用价值的，也有可能不能准确反映数据的真实意义，甚至在某些情况下是与事实相反的。因此对于数据挖掘的结果需要进行评估，目的就是要确定数据挖掘是否存在偏差，挖掘结果是否正确，确定哪些是有效的、有用的模式，是否满足用户需求。

（5）结果评估。

评估的方法一种是直接使用原先建立的挖掘数据库中的数据来进行检验，也可以另找新的测试数据并对其进行检验，另一种是使用实际运行环境中的当前数据进行检验。

5.1.3 数据挖掘方法

数据挖掘的方法主要有分类、回归、聚类、特征分析、预测分析、关联模型和偏差检测等。

5.1.3.1 分类

它反映同类事物共同性质的特征型知识和不同事物之间的差异型特征知识。最为典型的分类方法是基于决策树的分类方法。它是从实例集中构造决策树，是一种有指导的学习方法。该方法先根据训练子集（又称为窗口）形成决策树。如果该树不能对所有对象给出正确的分类，那么选择一些例外加入到窗口中，重复该过程一直到形成正确的决策集为止。最终结果是一棵树，其叶结点是类名，中间结点是带有分枝的属性，该分枝对应该属性的某一可能值。最为典型的决策树学习系统是 ID3，它采用自顶向下不回溯策略，能保证找到一个简单的树。算法 C4.5 和 C5.0 都是 ID3 的扩展，它们将分类领域从类别属性扩展到数值型属性。

数据分类还有统计、粗糙集（RoughSet）等方法。线性回归和线性辨别分析是典型的统计模型。为降低决策树生成代价，人们还提出了一种区间分类器。最近也有人研究使用神经网络方法在数据库中进行分类和规则提取。

5.1.3.2 回归分析

回归分析是指在掌握大量观察数据的基础上，利用数理统计方法建立因变量与自变量之间的回归关系函数表达式（称回归方程式）的一种数据挖掘方法。回归分析中，当研究的因果关系只涉及因变量和一个自变量时，叫作一元回归分析；当研究的因果关系涉及因变量和两个或两个以上自变量时，叫作多元回归分析。

此外，在回归分析中，又依据描述自变量与因变量之间因果关系的函数表达式是线性的还是非线性的，分为线性回归分析和非线性回归分析。通常线性回归分析法是最基本的分析方法，遇到非线性回归问题可以借助数学手段化为线性回归问题处理。

回归分析法是定量预测方法之一。它依据事物内部因素变化的因果关系来预测事物未来的发展趋势。由于它依据的是事物内部的发展规律，因此这种方法比较精确。

5.1.3.3　聚类

数据库中的记录可被划分为一系列有意义的子集，即聚类。聚类增强了人们对客观现实的认识，是概念描述和偏差分析的先决条件。聚类技术主要包括传统的模式识别方法和数学分类学。20 世纪 80 年代初，Mchalski 提出了概念聚类技术，其要点是：在划分对象时不仅考虑对象之间的距离，还要求划分出的类具有某种内涵描述，从而避免了传统技术的某些片面性。

5.1.3.4　特征分析

特征分析是从数据库中的一组数据中提取出关于这些数据的特征式，这些特征式表达了该数据集的总体特征。如营销人员通过对客户流失因素的特征提取，可以得到导致客户流失的一系列原因和主要特征，利用这些特征可以有效地预防客户的流失。

5.1.3.5　预测分析

预测分析是指利用历史数据和现在所能取得的信息，通过对事物的发展进行预计和推测，从而对数据对象集进行分析挖掘的一种数据挖掘方法。预测分析可以使用各种定性和定量的分析理论与方法，对事物未来发展的趋势和水平进行判断和推测。它的本质是根据事物的过去和现在估计未来，根据已知预测未知，从而减少对未来事物认识的不确定性，以指导我们的决策行动，减少决策的盲目性。预测学的出现是在人类社会生产力和科学技术日益发达的基础上应运而生的，它与其他学科诸如经济学、数学、系统工程学、统计学、电子计算机技术等都有密切的关系，并在这些领域中得到了广泛的研究和应用。目前，比较常用的预测分析方法主要可以分为三大类：①定性预测法，包括特尔菲法、专家会议法、岗位分析法等；②数学模型法，包括回归模型法、时序模型法、动态需求系统数等；③模拟模型，包括交互影响模拟技术法、数字模拟仿真法等。

5.1.3.6 关联分析

数据关联是数据库中存在的一类重要的可被发现的知识。若两个或多个变量的取值之间存在某种规律性，就称为关联。关联可分为简单关联、时序关联、因果关联。关联分析的目的是找出数据库中隐藏的关联网。有时并不知道数据库中数据的关联函数，即使知道也是不确定的，因此关联分析生成的规则带有可信度。

从关系数据库中提取关联规则是几种主要的数据挖掘方法之一。挖掘关联是通过搜索系统中的所有事物，并从中找到出现条件概率较高的模式。关联实际上就是数据对象之间相关性的确定，用关联找出所有能将一组数据项和另一组数据项相联系的规则，这种规则的建立并不是确定的关系，而是一个具有一定置信度的可能值，即事件发生的概率。关联分析法直观、易理解，但对于关联度不高或相关性复杂的情况不太有效。

5.1.3.7 偏差检测

数据库中的数据常有一些异常记录，从数据库中检测这些偏差很有意义。偏差包括很多潜在的知识，如分类中的反常实例、不满足规则的特例、观测结果与模型预测值的偏差、量值随时间的变化等。偏差检测的基本方法是，寻找观测结果与参照值之间有意义的差别。

本书将主要使用预测分析方法，利用 RBF 神经网络模型及其优化模型来对影响北京市人口增长的因素进行数据挖掘。

5.1.3.8 相关分析

相关分析是研究现象之间是否存在某种依存关系，并对具体有依存关系的现象探讨其相关方向以及相关程度，是研究随机变量之间的相关关系的一种统计方法。相关关系是一种非确定性的关系，例如，以 X 和 Y 分别记一个人的身高和体重，或分别记每公顷施肥量与每公顷小麦产量，则 X 与 Y 显然有关系，而又没有确切到可由其中的一个去精确地决定另一个的程度，这就是相关关系。

相关分析与回归分析在实际应用中有密切关系。然而在回归分析中，所关心的是一个随机变量 Y 对另一个（或一组）随机变量 X 的依赖关系的函数形式。而在相关分析中，所讨论的变量的地位一样，分析侧重于随机变量之间的种种相关特征。

5.1.3.9　格兰杰因果检验

格兰杰因果检验是由 2003 年诺贝尔经济学奖得主克莱夫·格兰杰（Clive W. J. Granger）所开创，用于分析经济变量之间的因果关系。他给因果关系的定义为"依赖于使用过去某些时点上所有信息的最佳最小二乘预测的方差"。

在时间序列情形下，两个经济变量 X、Y 之间的格兰杰因果关系定义为：若在包含了变量 X、Y 的过去信息的条件下，对变量 Y 的预测效果要优于只单独由 Y 的过去信息对 Y 进行的预测效果，即变量 X 有助于解释变量 Y 的将来变化，则认为变量 X 是引致变量 Y 的格兰杰原因。

进行格兰杰因果关系检验的一个前提条件是时间序列必须具有平稳性，否则可能会出现虚假回归问题。因此在进行格兰杰因果关系检验之前首先应对各指标时间序列的平稳性进行单位根检验（unit root test）。常用增广的迪基—富勒检验（ADF 检验）来分别对各指标序列的平稳性进行单位根检验。

5.2　基于相关分析的数据挖掘

本节将利用 SPSS 软件，实现对常住人口出生率、死亡率与北京市常住人口数量之间的相关性分析。

将 1980—2013 年 34 年间的北京市常住人口数量数据与常住人口出生率、死亡率数据输入 SPSS 软件，进行相关性分析，结果如下：

表 5 -1　北京市常住人口与出生率、死亡率相关性分析结果

		population	birthrate	deathrate
population	Pearson 相关性	1	− 0.616 **	− 0.789 **
	显著性（双尾）		0.000	0.000
	N	34	34	34
birthrate	Pearson 相关性	− 0.616 **	1	0.279
	显著性（双尾）	0.000		0.110
	N	34	34	34

		population	birthrate	deathrate
deathrate	Pearson 相关性	− 0. 789 **	0. 279	1
	显著性（双尾）	0. 000	0. 110	
	N	34	34	34

**. 在置信度（双测）为 0. 01 时，相关性是显著的。

　　从以上分析结果可以看出，常住人口出生率、死亡率与常住人口数量均呈现负相关性，但死亡率与常住人口数量相关性更强。

　　根据第 2 章 2. 3. 1 节的分析，我们知道，北京市常住人口出生率的变化经过了多个阶段的起伏波动，有上升有下降，并没有表现出一致的规律性，而北京市常住人口一直保持增长的势头，趋势非常明显，因此，两者变动趋势存在较大差异，最终导致相关性呈现负相关的特点，且相关性不是非常显著（相关系数 0. 616）；而常住人口死亡率则没有较大波动，总体走势平缓中略微有下降，与常住人口数量呈现出更强的负相关性（相关系数 0. 789）。

5.3　基于格兰杰因果检验的数据挖掘

　　格兰杰因果检验的基本要求是被检验数据是平稳的时间序列，因此，在进行格兰杰因果检验之前，先要对数据进行单位根检验，看变量序列是否为平稳序列，若平稳，则可以直接进行格兰杰因果检验；若非平稳，进行差分，当进行到第 i 次差分时序列平稳，则服从 i 阶单整。若所有检验序列均服从同阶单整，可构造 VAR 模型，做协整检验（注意滞后期的选择），判断模型内部变量间是否存在协整关系，即是否存在长期均衡关系。如果有，则可以进行 Granger 因果检验，检验变量之间"谁引起谁变化"，即因果关系。本节将利用 eviews 软件实现对常住人口出生率、死亡率与北京市常住人口数量的格兰杰因果检验，找出影响北京市人口增长的格兰杰原因。

　　为此，我们将北京市 1980—2013 年 34 年的常住人口出生率、死亡率和人口数量数据代入 eviews 软件，进行格兰杰因果分析。

（1）单位根检验。

首先对北京市常住人口数量数据与常住人口出生率、死亡率数据进行单位根检验，看其是否存在单位根过程，即是否是平稳序列。结果发现，三者均是一阶单整序列（参见表 5 - 2）。

表 5 - 2　单位根检验结果

变量	（c，t，m）*	ADF 检验值	1%临界值	5%临界值	10%临界值	P 值
Population	（c，t，0）	- 4.90793	- 4.27328	- 3.55776	- 3.21236	0.0021
Birthrate	（c，t，0）	- 7.98459	- 4.27328	- 3.55776	- 3.21236	0.0000
Deathrate	（c，t，0）	- 8.46735	- 4.27328	- 3.55776	- 3.21236	0.0000

* c 代表截距（intercept），t 代表趋势（trend），k 代表滞后阶数（lag）。

（2）协整检验。

对于同阶单整序列，在进行格兰杰因果检验之前要进行协整检验，判断其是否为平稳序列。我们使用 EG 两步法对以上三组序列进行协整检验。

首先对北京市人口数量数据与出生率、死亡率数据序列进行回归检验，结果如下：

表 5 - 3　回归检验结果

Dependent Variable：Population
Method：Least Squares
Sample：1980 2013
Included observations：34

Variable	Coefficient	Std. Error	t - Statistic	Prob.
BR	- 36.64207	7.286883	- 5.028497	0.0000
DR	- 415.0514	52.98642	- 7.833166	0.0000
C	3907.279	271.3651	14.39861	0.0000
R - squared	0.791680	Mean dependent var		1334.394
Adjusted R - squared	0.778240	S. D. dependent var		361.1846
S. E. of regression	170.0870	Akaike info criterion		13.19459
Sum squared resid	896817.1	Schwarz criterion		13.32927
Log likelihood	- 221.3081	Hannan - Quinn criter.		13.24052
F - statistic	58.90468	Durbin - Watson stat		1.287614
Prob（F - statistic）	0.000000			

观察回归结果得知：各种统计量在 1% 显著水平下都是显著的，其中修正后的 R^2 约为 0.778。回归方程为：

Population $= -36.64207 *$ Birthrate $-415.0514 *$ Deathrate $+3907.279$

$\quad\quad\quad$ (-5.028497) $\quad$ (-7.833166) $\quad$ (14.39861) $\quad\quad\quad\quad\quad$ $(5-1)$

$\quad$ (Durbin $-$ Watson stat $= 1.287614$ $\quad\quad$ F $-$ statistic $= 58.90468$)

因为此回归结果是根据三个同阶单整平稳序列回归得到的，故可能存在伪回归问题，我们并不能轻易接受这个结果。因此，为了更准确地验证三列数据的协整性，下面对回归方程的残差项序列进行单整分析。若此残差项序列是平稳的，则说明两序列之间存在协整关系，否则序列之间不存在协整关系，上述回归属伪回归问题。

对残项差序列进行 ADF 单整检验，结果如下：

表 5-4　残差序列单整检验结果（显著性）

Null Hypothesis：RESID01 has a unit root

Exogenous：Constant，Linear Trend

Lag Length：0（Automatic - based on SIC，maxlag = 8）

		t - Statistic	Prob. *
Augmented Dickey - Fuller test statistic		-4.357069	0.0080
Test critical values：	1% level	-4.262735	
	5% level	-3.552973	
	10% level	-3.209642	

* MacKinnon（1996）one - sided p - values.

表 5-5　残差序列单整检验结果（各参数数值）

Augmented Dickey - Fuller Test Equation

Dependent Variable：D（RESID01）

Method：Least Squares

Sample（adjusted）：1981 2013

Included observations：33 after adjustments

Variable	Coefficient	Std. Error	t - Statistic	Prob.
RESID01（-1）	-0.797427	0.183019	-4.357069	0.0001
C	-110.3315	55.57939	-1.985115	0.0563
@ TREND（1980）	6.314000	2.844966	2.219359	0.0342
R - squared	0.405581	Mean dependent var	6.932471	
Adjusted R - squared	0.365953	S. D. dependent var	189.8329	
S. E. of regression	151.1584	Akaike info criterion	12.96104	
Sum squared resid	685465.9	Schwarz criterion	13.09709	
Log likelihood	-210.8572	Hannan - Quinn criter.	13.00682	
F - statistic	10.23471	Durbin - Watson stat	2.117062	
Prob（F - statistic）	0.000409			

检验结果表明：残差项序列不含趋势项及常数项，且分析结果得知：在1%的显著水平下，拒绝残差序列存在单位根的原假设，即此残差项序列是一个平稳随机过程，各指标之间存在长期稳定的均衡关系，因而可进行格兰杰因果检验。

（3）格兰杰因果检验。

根据以上分析，首先对北京市常住人口数量数据与常住人口出生率、死亡率数据进行一阶差分，然后对一阶差分后的数据进行格兰杰因果分析，结果如下：

表 5 − 6   格兰杰因果检验结果

Pairwise Granger Causality Tests

Sample：1981 2013

Lags：7

Null Hypothesis：	Obs	F − Statistic	Prob.
DR does not Granger Cause BR	26	5. 20516	0. 0079
BR does not Granger Cause DR		3. 30986	0. 0376
POP does not Granger Cause BR	26	1. 32308	0. 3253
BR does not Granger Cause POP		2. 25528	0. 1099
POP does not Granger Cause DR	26	2. 17257	0. 1204
DR does not Granger Cause POP		1. 86935	0. 1699

从输出结果可以看出，在15%的置信度下，出生率构成了北京市常住人口数量变化的格兰杰原因；同时，出生率和死亡率也互为因果。

通过以上分析我们发现，在进行相关性检验时，死亡率跟北京市常住人口数量的相关性明显大于出生率跟人口数量的相关性，但在格兰杰因果分析时又表现出了相反的结果，即出生率是人口数量变化的格兰杰原因，而死亡率并不能构成人口数量变化的格兰杰原因。为此，我们将使用数据挖掘中的预测分析方法，进一步对出生率和死亡率与北京市常住人口数量的关系进行分析，以便找出最合适的数据（数据组合）代入预测模型，对北京市常住人口增长变化进行准确有效的预测。

5.4   基于 DE − RBF 神经网络模型的数据挖掘

以 1980—2003 年 24 年间的北京市人口数据作为训练样本，对 2004—2013

年 10 年间的北京市人口数量进行预测，并根据预测误差的大小，挖掘出对北京市人口数量变化有重要影响的指标（指标组合）。

（1）单一指标预测

首先将历史人口数量、出生率和死亡率 3 个指标逐个输入 DE－RBF 模型，进行单一指标的预测，预测结果及误差如表 5－7：

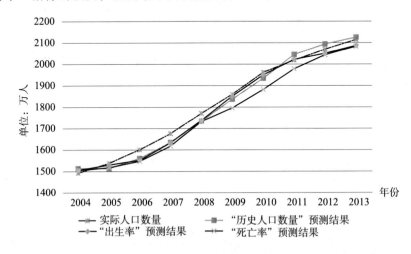

图 5－1　不同指标输入模型预测结果对比（单一指标）

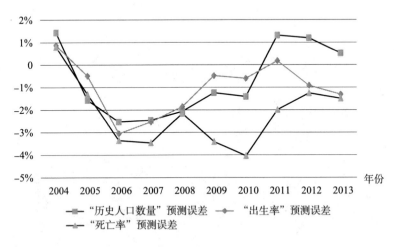

图 5－2　不同指标输入模型预测误差对比（单一指标）

表 5 - 7 单一指标预测结果和误差

预测年份（年）		2004	2005	2006	2007	2008	2009	2010	2011	2012	2013	平均误差（绝对值）
期望输出（万人）		1492.7	1538	1601	1676	1771	1860	1961.9	2018.6	2069.3	2114.8	
历史人口数量	预测结果（万人）	1445.6	1518.5	1573	1641.5	1725	1828.5	1922	2020.4	2069.7	2102.9	1.52%
	预测误差	-3.16%	-1.27%	-1.75%	-2.06%	-2.60%	-1.70%	-2.03%	0.09%	0.02%	-0.56%	
出生率	预测结果（万人）	1411.3	1524.2	1548.9	1585.2	1693.2	1778	1875.7	1996.2	2024.7	2079.3	3.32%
	预测误差	-5.46%	-0.89%	-3.26%	-5.42%	-4.39%	-4.41%	-4.39%	-1.11%	-2.16%	-1.68%	
死亡率	预测结果（万人）	1384.7	1503.6	1548.1	1617.6	1685.1	1794.6	1899.9	1985.8	2042.3	2078.2	3.25%
	预测误差	-7.24%	-2.23%	-3.30%	-3.49%	-4.85%	-3.52%	-3.16%	-1.63%	-1.30%	-1.73%	

通过以上结果可以看出，采用单一指标预测时，历史人口数量这一指标的预测误差明显小于其他三个指标，预测效果最好。下面考虑运用数据挖掘技术进行指标组合的预测，以进一步提高预测精度。

（2）多指标组合预测

本节将表现最好的历史人口数量指标作为基础指标，将其余指标依次分别加入进行组合预测，挖掘出表现最优的指标组合，预测结果及误差见表 5 - 8：

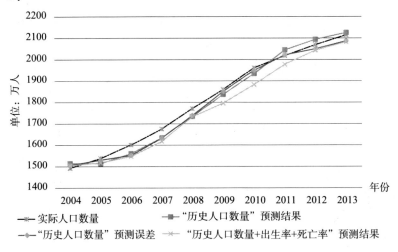

图 5 - 3　不同指标组合下预测结果对比

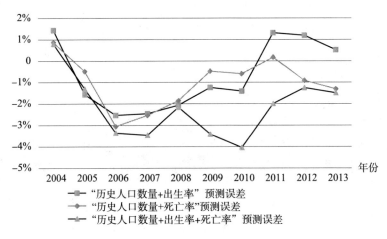

图 5 - 4　不同指标组合下预测误差对比

表 5-8 多指标组合预测结果和误差

预测年份（年）		2004	2005	2006	2007	2008	2009	2010	2011	2012	2013	平均误差（绝对值）
期望输出（万人）		1492.7	1538	1601	1676	1771	1860	1961.9	2018.6	2069.3	2114.8	
历史人口数量+出生率	预测结果（万人）	1514.1	1513.9	1560.5	1634.8	1734.5	1837	1934.3	2045.2	2094	2125.8	
	预测误差	1.44%	-1.57%	-2.53%	-2.46%	-2.06%	-1.24%	-1.41%	1.32%	1.20%	0.52%	1.57%
历史人口数量+死亡率	预测结果（万人）	1505.7	1530.4	1552.1	1633.5	1738.2	1851	1950.1	2022.1	2050.3	2087.1	
	预测误差	0.87%	-0.49%	-3.05%	-2.53%	-1.85%	-0.48%	-0.60%	0.17%	-0.92%	-1.31%	1.23%
历史人口数量+出生率+死亡率	预测结果（万人）	1504.6	1517.9	1547.2	1617.9	1732.8	1796.5	1882.6	1978.4	2043.4	2083.2	
	预测误差	0.80%	-1.31%	-3.36%	-3.46%	-2.16%	-3.42%	-4.04%	-1.99%	-1.25%	-1.49%	2.33%

从上图可以看出，总体上，经过数据挖掘筛选出的指标组合，其预测精度比单一指标预测精度要高，其中"历史人口数量 + 死亡率"组合的预测效果最好，平均预测误差为 1.23% ，但仍有进一步提升的空间。

5.5　结果分析

通过以上三种数据挖掘方法（相关分析、格兰杰因果检验和预测分析）对影响北京市人口增长变化的数量化因素进行挖掘的结果可以看出：在相关性分析中，常住人口死亡率与常住人口数量的相关性最大，出生率次之；在格兰杰因果检验中，在 15% 的置信度内，常住人口出生率是北京市常住人口数量的格兰杰原因，而死亡率不是；在利用 DE – RBF 神经网络进行预测分析时，常住人口死亡率的影响更大。三种方法进行数据挖掘的结果中，相关性分析与预测分析结果一致，综合考虑，本文将利用"死亡率 + 历史人口数量"指标组合来进行下一步的分析。

同时，通过以上结果我们发现：使用不同的数据挖掘方法，结果也不尽相同，每种方法都有它的优势和不足。因此，在实际应用中，我们需要利用多种挖掘方法，并将不同方法下的挖掘结果进行对比分析，最终选出最优的结果。

5.6　本章小结

本章首先介绍了数据挖掘的概念、步骤及方法，并利用相关分析、格兰杰因果检验和预测分析三种方法对影响北京市人口增长的数量化因素进行挖掘，结果发现：在进行相关性检验时，死亡率跟北京市常住人口数量的相关性最大；在格兰杰因果分析时，出生率是人口数量变化的格兰杰原因；预测分析结果显示，人口死亡率对预测结果影响最大，"历史人口数量 + 死亡率"指标组合预测效果最好。因此，综合以上分析结果，本文将使用"历史人口数量 + 死亡率"指标组合进行后续的研究。

第6章 影响北京市人口增长的文本因素挖掘

本章主要利用文本挖掘技术对影响北京市人口增长的文本类因素进行分析挖掘。

6.1 文本挖掘

6.1.1 文本挖掘的概念

20世纪90年代，随着计算机互联网时代的到来，数据的种类和数量急剧增加，其中80%以上是非结构化的文本数据[112]，即以文字形式存在的数据，如句子、段落、篇章等。这些文本数据无法使用计算机直接进行处理，而人工处理又太烦琐太复杂，因此，为及时高效地挖掘其中有重要价值的信息，诞生了文本挖掘技术。文本挖掘也叫文本数据挖掘、文本知识发现、文本分析[113]等，指从大量文本数据中发现高质量的信息，并识别文本数据集中的模式和关系的过程[114]。文本挖掘是在数据挖掘的基础上发展而来的，但与传统的数据挖掘相比，文本挖掘的对象——文本数据集本身是半结构化或非结构化的，无确定形式并且难以使用计算机直接进行处理；而数据挖掘的对象则是以数据库中的结构化数据为主，并利用关系表等存储结构来发现知识[115]，用计算机处理起来更加容易。因此，文本挖掘的主要目标是在大规模文本数据集中发现隐藏的有意义的知识，并最终将其转化为计算机可识别可处理的结构化知识。所以，文本挖掘是自然语言处理和数据挖掘技术发展到一定阶段的产物。

6.1.2 文本挖掘的步骤

文本从采集到转化为最终有价值的知识并加以利用是一个复杂的过程，我们可以将其简化为目标文本集的确定、文本预处理、文本挖掘、模式评估与表示等四个步骤[116-118]。

（1）确定目标文本对象：选取有待挖掘和分析的文本对象；

（2）文本预处理：选取目标文本对象集，将其转化成文本挖掘工具和技术等可以处理的某种中间形式；

（3）文本挖掘：在完成文本预处理后，可以利用机器学习、数据挖掘以及模式识别等方法提取面向特定应用目标的知识或模式；

（4）模式评估与表示：利用已经定义好的评估方式对获取的知识或模式进行评价。如果评价结果符合要求，就存储该知识或模式以备用户使用；否则返回前面的某个环节重新调整和改进，然后再进行新一轮的文本挖掘。

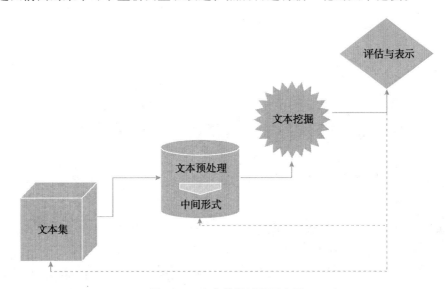

图6-1　文本挖掘过程示意图

6.1.3　文本挖掘方法

文本挖掘的主要目的是从非结构化文本数据中提取有趣的、重要的模式和知识，可以看成是基于数据库的数据挖掘或知识发现的扩展。相对于数据挖掘来说，文本挖掘起步较晚，研究相对更少，技术成熟度更低，很多方法也都是从数据挖掘方法上发展而来的。目前常用的文本挖掘方法有：K临近算法、决策树法和关联规则算法等。由于挖掘对象的特点不同，挖掘分析方法在使用上也各不相同。

6.1.2.1　K 临近算法

K 临近算法是由 Cover 和 Hart 于 1968 年提出的，直至现在仍是模式识别非参数法中最重要的方法之一。算法思想很简单，给一篇待识别的文章，系统在训练集中找到最近的 k 个近邻，看这 k 个近邻中多数属于哪一类，就把待识别的文章归为哪一类。K 近邻分类器在已分类文章中检索与待识别的文章最相似的文章，从而获得被测文章的类别。此算法有简单的优点，但存在问题，需要将所有样本存入计算机中，每次决策都要计算待识别样本与全部训练样本之间的距离进行比较。因此计算新文档时存储量和计算量都较大。

统计词在文档中有两种定义，一种是二项式赋值，即如果单词在文档中出现就设为 1，否则设为 0，这样计算就比较简单；另一种是计算单词在文档中出现的频率，这种算法可以利用更多的信息，分类精度要高于第一种定义。统计词频矩阵后按 TF – IDF 工公式给文档向量赋权值。

$$\omega_{ik} = tf_{if} \times idf_k \tag{6 – 1}$$

$$idf_k = \log\left(\frac{N}{df_k} + 1\right) \tag{6 – 2}$$

其中，N 表示训练集中的文档数；idf_k 表示第 k 个单词在第 i 篇文档中的频率；df_k 表示在整个训练集中，包含第 k 个单词的文档的个数。

由此得到距离公式采用 cosine 相似度距离公式：

$$\cos(d_i, d_j) = \frac{\overline{d_i} \cdot \overline{d_j}}{\| \overline{d_i} \| \cdot \| \overline{d_j} \|} \tag{6 – 3}$$

6.1.2.2　决策树法

决策树是一个类似于流程图的树结构，可用于分类。它采用自顶向下的方式，根据一定的属性选择标准选取最优属性作为决策树的内部结点，再根据属性的不同取值建立结点的分支。在每个分支结点中重复建立下层结点和分支，直到满足停止标准，这样便生成了一棵决策树。树的每个分支代表一条分类规则，每个叶子结点代表样例的类别。当对未知样例进行预测分类时，样例的属性值从树根进行匹配，直到存放该样例的叶子结点，从而预测样例的类别[119 – 120]。

1966 年，Hunt，Martin 和 Stone 研制出一个概念学习系统 CLS，该系统第一次提出使用决策树进行概念学习，是最早的决策树学习系统。最具代表性的是 Quilan 提出了 ID3 算法，随后又提出了 ID3 的后续改进版 C4.5 及 C4.5 的改进版 REP – Tree 决策树。

下面是构造决策树的一般性描述：

1）从一个训练集和一棵空树开始来创建树的根结点；

2）如果当前结点中的样本属于同一类，则停止划分；

3）否则，使用定义的度量标准计算每一个集合的每一个可能的划分；

4）选择最优划分对当前结点创建子结点；

5）把子结点作为当前节点，循环进行（2）～（5）步骤，直到不存在可以划分的结点为止。

（1）ID3 法。

1986 年 Quilan 提出了 ID3 算法。该算法运用信息熵理论，对当前结点选择具有最大信息增益的属性作为分裂属性，样例集依据分裂属性的取值进行划分，进而生长子结点。对于子结点用迭代的方法继续进行结点的划分，直到样例都属于一类、无可用属性或无可分样例时停止。这种方法确保找到一棵简单的但不一定是最简单的树。

ID3 选择分裂属性的标准如下：

设 T 为训练数据集，其所属类别为 C_1，C_2，$\cdots$，C_n，数据集 T 划分到各类中的概率分别为 P_1，P_2，$\cdots$，P_n，对于给定的数据集分类所需的期望信息为

$$H(T) = H(P_1, P_2, \cdots, P_n) = -\sum_{i=1}^{n} p_i \ln(p_i) \qquad (6-4)$$

假设根据条件属性 X 将数据集 T 划分为 T_1，T_2，$\cdots$，T_n，此时，要确定数据集下的分类所需要的信息量为各子集的信息量的加权平均值

$$H(X, T) = \sum_{i=1}^{n} H(T_i) \frac{T_i}{T} \qquad (6-5)$$

由条件属性 X 对数据集 T 的划分得到的信息增益

$$\text{Gain}(X, T) = H(T) - H(X, T) \qquad (6-6)$$

简单地说，一个属性的信息增益就是使用这个属性分割样例而导致的期望熵的降低。换句话讲，Gain（X，T）是由于给定属性 X 的值而得到的关于目标函数值的信息。ID3 算法存在一些缺点：首先，算法偏向于选择取值较多的属性，但实际上取值较多的属性不一定是最优属性；其次，算法只能处理离散型属性及属性值没有缺失的样本。

（2）C4.5 算法。

C4.5 算法继承了 ID3 算法的全部优点，它通过两个步骤来建立决策树：树的生成阶段和树的剪枝阶段。与 ID3 算法相比，C4.5 算法在许多方面进行了改进：

1）改进了属性选择标准，使用了信息增益比率；

2）能处理连续型属性；

3）能够处理属性值缺失的样本；

4）使用了剪枝技术减小决策树的规模。

在决策树的建造过程中，C4.5 算法在选择分裂属性时，选择能产生最大信息增益比率的属性作为扩展属性进行结点分裂，此过程一直递归直到满足停止标准为止。信息增益比率通过加入一个被称作分裂信息（Splitinformation）的项来惩罚属性取值较多的属性，分裂信息用来衡量属性分裂数据的广度和均匀性。

$$\text{SplitInformation}(X, T) = -\sum_{i=1}^{c} \frac{|X_i|}{|X|} \log_2 \frac{|X_i|}{|X|} \qquad (6-7)$$

C4.5 算法采用的信息增益率表示由分枝产生的有用信息的比率，这个值越大，分枝包含的有用信息越多。

对于连续值属性 A，C4.5 算法采用的处理方法如下：

1）将训练集的样本按照属性 A 的值进行排序；

2）将相邻两个样本的属性 A 的平均值 r =（A1 + A2）/2 作为分割点，假设训练集有 n 个样本，则共有 n – 1 个分割点。分割点将训练集划分为两部分，一部分样例属性 A 的值小于等于分割点，另一部分样例属性 A 的值大于分割点。比较所有可能的分割点找出最优分割点作为临界值 r。

与 ID3 算法相比，C4.5 算法在效率上有了明显的提高，它不仅可以处理连续型属性，还可以处理训练集中有属性值缺失的样本。但是，C4.5 算法在选择分裂属性时所采用的技术仍然没有脱离信息熵原理，生成的决策树仍然是多叉树；另外，C4.5 算法没有考虑属性之间的联系，生成的仍然是一棵单变量的决策树。

在训练过程中控制树的大小主要是通过剪枝（pruning）来实现的。这是简化决策树最常用的方法。决策树剪枝就是通过删除决策树的某些分枝来减小决策树的规模，它的目的就是为了防止决策树的过度复杂。

（1）预剪枝。

预剪枝就是通过提前停止树的构造而对树进行的剪枝，一旦停止生长，该结点就成为树叶。预剪枝不必生成整棵决策树，且算法简单高效，因此适合于解决大规模问题。

具体在什么时候停止决策树的生长有多种方法，比如：

1）在决策树达到一定深度时停止决策树的扩展；

2）到达当前结点的样本个数小于某一阈值时停止树的生长；

3）计算每次扩张对系统性能的增益，如果这个增益小于某个阈值就停止扩展。

预剪枝有一个缺点，就是由于算法过早地停止决策树的构造，使得当前产生的决策树或许不能满足要求。

（2）后剪枝。

后剪枝就是对已经完全生长的树剪去子树。后剪枝方法是一种两阶段方法：首先生成与训练数据完全拟合的一棵决策树，然后对树的某一个或几个子树进行删除。剪枝过程中，删除的子树用叶结点代替，叶结点所属的类别用这棵子树中大多数训练样例所属的类别代替。

（3）REP – Tree 决策树。

REP – Tree（Reduced – Error Pruning Tree）决策树是在 C4.5 算法基础上改进而来的一种快速的决策树分类算法，它通过信息增益的方式来建立决策树，并采用逆向适应的错误率降低剪枝法（Reduced – Error Pruning，REP）来对决策树进行剪枝，对数值的属性值只进行一次排序[121]。REP – Tree 决策树使用快速的剪枝算法来增加关于噪声训练数据的精确的检测率，经过剪枝的树还减少了分类过程中的复杂性。一般说来，剪枝是用来寻找母树最好的子树的过程，并且在测试过程中误差最小。然而，子树的数量以母树尺寸的指数形式增长。因此，检查所有子树是不现实的。REPTree 退而求其次，在限制下建立了一个次优的树，这个限制是一棵子树只有在其不再包含一个比其更小的分类误差的子树的情况下才会被修剪。

REP – Tree 建立一个利用信息和利用后项拟合进行剪枝的决策树。属性值只被分类一次，最大的树宽没有限制，一片叶子的最小总重量定位 2，所有需要以节点表示的数据的方差的最小比例设为 0.001，这些数据节点将分裂。在剪枝的过程中，1/3 的数据被执行，2/3 的数据用于检验规则。REP – Tree 对缺失值的处理，是通过把相应的实例分成片断样例，然后把结果进行加权来实现的。相比于其他分类算法，REP－Tree 具有分类规则易于理解、准确率高和速度快等优点。

6.1.2.3　关联分析

关联分析就是发现大量数据中不同项集之间有趣的关联，是一种在交易数据、关系数据或其他信息载体中，查找存在于数据集合或对象集合之间的频繁模式、关联、相关性或因果结构等的方法。在关联分析中，比较常用的方法有 Apriori 算法和 FP－Tree 算法，但 Apriori 算法具有扫描次数多、适应面窄等缺陷，而在 Apriori 算法基础上改进而来的 FP－Tree 算法则克服了这些问题，应用也更加广泛。

FP－Tree（Frequent Pattern Tree，简称为 FP－tree）算法，即频繁模式树算法，是一种使用紧缩的数据结构来存储查找频繁项集所需要的全部信息的一种方法，它采用的算法是将提供频繁项集的数据库压缩到一棵 FP－Tree 来保留项集关联信息，然后将压缩后的数据库分成一组条件数据库，每个条件数据库关联一个频繁项集。

FP－Tree 是满足下列条件的一棵树结构：它由一个根节点 root（值为 null）、向前缀子树 item prefix subtrees 和一个频繁项头表 frequent item header table 组成。项前缀子树中的每个节点包括 3 个域：item_name、count 和 node_link。其中，item_name 记录节点表示的项的标识；count 记录到达该结点的子路径的事务数；node_link 用于连接树中相同标识的下一个结点，如果不存在相同标识下一个结点，则值为"null"。频繁项头表的表项包括一个频繁项标识域"item_name"和一个指向树中具有该项标识的第一个频繁项结点的头指针"head of node_link"。对于包含在 FP－tree 中某个结点上的项 α，将会有一个从根结点到达 α 的路径，该路径中不包含 α 所在结点的部分路径称为 α 的前缀子路径（Prefix subpath），α 称为该路径的后缀。在一个 FP－tree 中，有可能有多个包含 α 的结点存在，它们从频繁项头表中的 α 项出发，通过项头表中的 headofnodehnk 和项前缀子树中的 nodehnk 连接在一起。FP－tree 中每个包含 α 的结点可以形成 α 的一个不同的前缀子路径，所有的这些路径组成 α 的条件模式基（Conditional Pattern Base）。用 α 的条件模式基所构建的 FP－tree 称为 α 的条件模式树（Conditional FP－tree）。

FP－Tree 是一种针对传统关联规则挖掘算法在挖掘速度上的改进算法，

该算法将基于候选项集的频繁项挖掘问题转化成基于 FP – Tree 的挖掘问题，从而降低挖掘过程中频繁访问事务数据库的次数，很大程度上提高了频繁模式发现效率。构造 FP – tree 只要访问两次事务数据库。第一次扫描数据库时，导出发生次数大于最小支持度的频繁项的集合和支持度计数，建立频繁项集 L；第二次扫描事务数据库时，对每个事物的项按集合 L 的项次进行处理，为每个事物在 FP – Tree 中建立一个分支条件库，然后再对这些条件库分别进行分析挖掘。FP – Tree 算法对不同长度的规则都有很好的适应性，同时比 Apriori 算法具有更高的效率。这个算法只进行两次数据库扫描，直接将数据库压缩成一个频繁模式树，最后通过这棵树生成关联规则。

6.2 构建影响北京市人口增长的文本对象集

根据第 2 章的分析结果，我们可以初步、粗略地构建一个可能对北京市人口增长变化产生影响的文本对象集，并将每一个对象与北京市人口增长变化之间的关系加以描述（参见表 6 – 1）。

表 6 – 1 影响北京市人口增长变化的文本对象集

文本对象	关系描述
全国人口规模	全国人口规模快速扩张，北京市人口快速增加 全国人口规模缓慢增长，北京市人口缓慢增加
全国城镇化进程	全国城镇化进程较快，北京市人口快速增加 全国城镇化进程缓慢，北京市人口缓慢增加
首都功能	首都功能扩张，北京市人口快速增加 首都功能缩减，北京市人口缓慢增加
经济发展水平	经济发展水平较高或非常高，北京市人口快速增加 经济发展水平正常，北京市人口缓慢增加
环境因素	环境改善，北京市人口快速增加 环境恶化，北京市人口缓慢增加
人口政策	人口政策宽松，北京市人口快速增加 人口政策严格，北京市人口缓慢增加

6.3　文本预处理

上述影响北京市人口增长变化的文本对象属于非结构化数据，我们首先使用分类分级的方式，将各文本因素按照其变化程度或方式的不同划分为不同的等级或类别，将其结构化；然后将各文本指标编码，为下一步建立事务数据库、开展文本挖掘做好准备。

6.3.1　文本结构化

6.3.1.1　全国人口规模

依据 1980—2012 年全国人口增长率的大小（参见图 6 - 2），将全国人口规模划分为两个等级：将增长率在 1% 以上的部分定义为全国人口规模快速扩张；将增长率在 1% 以下的部分定义为缓慢增长。

图 6 - 2　全国人口增长率（1980—2012 年）

6.3.1.2　城镇化进程

依据全国城镇化率的增长变化情况（参见图 6 - 3），将全国城镇化进程划分为两个等级。增长率 1% 以上，定义为进程较快；增长率 1% 以下，定义为进程缓慢。

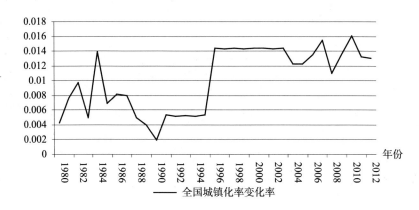

图 6-3 全国城镇化率增长率（1980—2012 年）

6.3.1.3 首都功能

从 20 世纪 50 年代起至今，北京的首都功能定位大致经历了 4 个阶段[122-123]：①50 年代至 80 年代，对首都功能定位为"全国政治、经济和文化中心"，大力发展重工业；②80 年代初期至 90 年代中期，逐渐减弱将首都功能定位为"全国政治中心和文化中心""经济中心"的地位，产业结构偏向服务业，这一时期首都功能相对缩减；③90 年代中后期至 21 世纪初，将首都功能定位为全国政治中心、文化中心和国际交往中心，提出"首都经济"发展战略，强化了北京市经济中心的功能，相对于前一时期，首都功能有所扩张；④21 世纪初以来，又将首都功能定位为全国政治中心、文化中心、国家经济管理中心、国际交往中心和宜居城市，经济格局转向以服务产业为主导，首都功能再次扩张；⑤以习总书记为代表的新一届政府上台以后，提出将首都功能转变为政治、文化、国际交往和科技创新中心，首都部分功能向津冀地区转移，从而导致首都功能缩减的趋势。

据此，我们可以将 1980—2012 年间北京市首都功能划分为 2 个等级。1980—1995 年划分为功能缩减；1995—2000 年、2001—2012 年划分为功能扩张。

6.3.1.4 经济发展水平

依据北京市 1980—2012 年 GDP 增长率变化情况（参见图 6-4），我们可以将北京市经济发展水平划分为 3 个等级：正常水平（GDP 增长率 0% ~ 9%）、较高水平（GDP 增长率 9 ~ 12%）和非常高水平（GDP 增长率 12% 以上）。

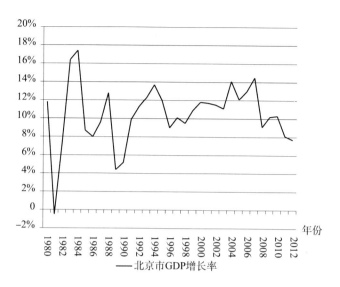

图 6 - 4　北京市 GDP 增长率（1980—2012 年）

6.4.1.5　环境状况

环境状况可以分为自然环境和社会环境。自然环境中，对人们生活影响比较大的主要是空气质量和城市绿化；对于社会环境，我们通过住房环境、交通环境、医疗环境和教育环境 4 个指标来衡量。

（1）自然环境。

随着人民生活水平的提高，人们对空气质量越来越重视。张菊等人（2006）根据空气中污染物浓度变化情况[124]，将北京市 1983—2003 年空气质量变化分为 2 个阶段：1983—1998 年，各类污染物浓度总体表现为上升趋势，空气质量下降；1998—2003 年，各类污染物浓度均呈下降趋势，空气有所改善。此外，根据北京市统计年鉴数据[125]，2004—2006 年，空气中可吸入颗粒浓度整体呈增加趋势，空气质量下降；2007—2012 年，可吸入颗粒浓度降低，空气质量逐年改善。（对于城市绿化情况而言，全国各省市相差不大，北京并无太多优势，故这一指标不予讨论）。

据此，我们将北京市自然环境状况（空气质量的变化）大致分为 2 个类别：质量下降（1980—1997 年，2004—2006 年）和质量改善（1998—2003 年，2007—2012 年）。

（2）社会环境。

我们以北京市城镇居民人均住宅使用面积变化情况表示住房环境的变化；

公共交通运营车辆数和里程数变化情况表示交通环境的变化；以卫生机构个数、卫生机构人员个数等5个指标的变化情况表示医疗环境的变化；以高校数量、小学数量等3个指标的变化情况表示教育环境的变化。从北京市1980—2012年间的社会环境相关指标增长变化情况（参见图6-5）可以看出，北京市社会环境整体上呈现逐年改善的趋势。据此，可将其划分为缓慢改善（1980—1994年）、较快改善（1999—2012年）和快速改善（1995—1998年）3个等级。

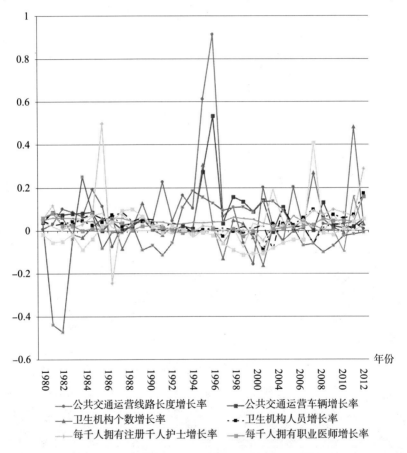

图6-5　北京市居住、交通、医疗和教育环境变化情况（1980—2012年）

6.3.1.6　人口政策

改革开放初期，全国各城市发展差别并不大，无大量流动人口流向北京，北京市的人口迁移政策相对稳定[126]。为促进城市经济发展，吸引人口进城，

1984 年 10 月 13 日，国务院批转公安部《关于农民进入集镇落户问题的通知》，全国人口流动性增强，农村人口开始涌向包括北京在内的各大城市。为此，1985 年 11 月，北京市颁布了《关于暂住人口户口管理的规定》，开始实施暂住证制度，人口政策相对严格；1989 年 3 月，为了举办亚运会，北京市首度对来京外来人口实施清退，人口政策进一步严格；1989 年 12 月，北京市人民政府颁布了《北京市外地人员务工管理办法》，再次加强了对流动人口的管控；1995 年 7 月 15 日，北京市开始施行《外地来京人员户籍管理规定》，人口政策进入严厉管控时期；为了促进私营个体经济发展，北京市人民政府于 2001 年 10 月 1 日起施行了《关于外地来京投资开办私营企业人员办理北京市常住户口试行办法》，人口政策有所放松；2003 年，北京市开始取消流动人口管理服务费和废除收容遣送制度，并逐步清理了对流动人口带有歧视性的法规规章和政策措施，人口政策进一步松动；2005 年，《北京市外地来京务工经商人员管理条例》被废止，北京市人口政策明显放松；2010 年，北京市突破 1800 万人口 "红线"，人口管控再次成为代表们、委员们的焦点议题，为此，北京市推出了一系列新政，包括清理地下室、汽车和房子限购等措施，人口政策由松转紧。

为此，我们可以将北京市 1980—2012 年以来的人口政策分为以下四个等级：一般宽松（1980—1985 年、2002—2005 年）、明显宽松（2006—2010 年）、一般严格（1986—1995 年、2011—2012 年）和严厉管控（1996—2001 年）。

6.3.1.7　北京市人口

为使用文本挖掘技术进行挖掘分析，我们需要将北京市常住人口数量变化情况结构化，转换成与其他文本因素相同的形式。根据 1980—2012 年北京市常住人口数量增长变化的快慢情况（参见图 6-6），我们以增长率中位数为界限（由于北京人口变化波动比较大，取平均值为分界线无法反映真实情况，所以取中位数 1.65% 为界），可以将北京市人口增长情况分成慢和快两大类，并在两个大类以内，各自又分为两组，总共四个等级，即缓慢增长（1% 以下）、较慢增长（1~1.65%）、较快增长（1.65~3%）和快速增长（3% 以上）。

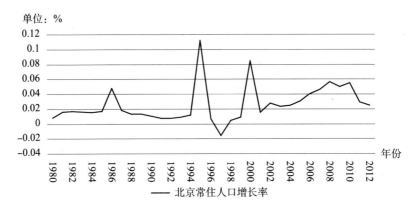

图 6-6　北京常住人口增长率（1980—2012 年）

6.3.2　文本因素编码

由以上分析可知，各因素均包含多个值，需要对各因素的所有值进行分类，所以对各因素赋予变量并编码如下：

表 6-2　各因素赋予变量及编码

变　　量	指　　标	编　　码
x_1	北京人口数量增长变化情况	x_{11} 缓慢增长 x_{12} 较慢增长 x_{13} 较快增长 x_{14} 快速增长
x_2	全国人口规模	x_{21} 缓慢增长 x_{22} 快速扩张
x_3	全国城镇化进程	x_{31} 进程缓慢 x_{32} 进程较快
x_4	首都功能	x_{41} 功能缩减 x_{42} 功能扩张
x_5	经济发展水平	x_{51} 正常水平 x_{52} 较高水平 x_{53} 非常高水平
x_6	自然环境	x_{61} 质量下降 x_{62} 质量改善

变　　量	指　　标	编　　码
x_7	社会环境	x_{71} 缓慢改善 x_{72} 较快改善 x_{73} 快速改善
x_8	人口政策	x_{81} 严厉管控 x_{82} 一般严格 x_{83} 一般宽松 x_{84} 明显宽松

6.4　基于 PF – Tree 关联规则算法的影响北京市人口数量的文本挖掘

下面我们将利用上一章对文本数据的预处理结果，使用 PF – Tree 关联规则算法对影响北京市人口数量的文本因素进行挖掘分析。

6.4.1　建立事务数据库

根据搜集到的初始数据集初步建立事务数据库，如表 6 – 3 所示：

表 6 – 3　初始事务数据库（1980—2012 年）

年份	北京市常住人口增长情况	全国人口规模变化情况	全国城镇化进程	首都功能	经济发展水平	自然环境	社会环境	人口政策
1980	缓慢增长	快速扩张	进程缓慢	功能缩减	较高水平	质量下降	缓慢改善	一般宽松
1981	较慢增长	快速扩张	进程缓慢	功能缩减	正常水平	质量下降	缓慢改善	一般宽松
1982	较快增长	快速扩张	进程缓慢	功能缩减	正常水平	质量下降	缓慢改善	一般宽松
1983	较慢增长	快速扩张	进程缓慢	功能缩减	非常高水平	质量下降	缓慢改善	一般宽松
1984	较慢增长	快速扩张	进程较快	功能缩减	非常高水平	质量下降	缓慢改善	一般宽松
1985	较快增长	快速扩张	进程缓慢	功能缩减	正常水平	质量下降	缓慢改善	一般宽松
1986	快速增长	快速扩张	进程缓慢	功能缩减	正常水平	质量下降	缓慢改善	一般严格
1987	较快增长	快速扩张	进程缓慢	功能缩减	较高水平	质量下降	缓慢改善	一般严格
1988	较慢增长	快速扩张	进程缓慢	功能缩减	非常高水平	质量下降	缓慢改善	一般严格

续表

年份	北京市常住人口增长情况	全国人口规模变化情况	全国城镇化进程	首都功能	经济发展水平	自然环境	社会环境	人口政策
1989	较慢增长	快速扩张	进程缓慢	功能缩减	正常水平	质量下降	缓慢改善	一般严格
1990	较慢增长	快速扩张	进程缓慢	功能缩减	正常水平	质量下降	缓慢改善	一般严格
1991	缓慢增长	快速扩张	进程缓慢	功能缩减	较高水平	质量下降	缓慢改善	一般严格
1992	缓慢增长	快速扩张	进程缓慢	功能缩减	较高水平	质量下降	缓慢改善	一般严格
1993	缓慢增长	快速扩张	进程缓慢	功能缩减	非常高水平	质量下降	缓慢改善	一般严格
1994	较慢增长	快速扩张	进程缓慢	功能缩减	非常高水平	质量下降	缓慢改善	一般严格
1995	快速增长	快速扩张	进程缓慢	功能缩减	非常高水平	质量下降	明显改善	一般严格
1996	缓慢增长	快速扩张	进程较快	功能扩张	正常水平	质量下降	明显改善	严厉管控
1997	缓慢增长	快速扩张	进程较快	功能扩张	较高水平	质量下降	明显改善	严厉管控
1998	缓慢增长	缓慢增长	进程较快	功能扩张	较高水平	质量改善	明显改善	严厉管控
1999	缓慢增长	缓慢增长	进程较快	功能扩张	较高水平	质量改善	较快改善	严厉管控
2000	快速增长	缓慢增长	进程较快	功能扩张	较高水平	质量改善	较快改善	严厉管控
2001	较慢增长	缓慢增长	进程较快	功能扩张	较高水平	质量改善	较快改善	严厉管控
2002	较快增长	缓慢增长	进程较快	功能扩张	较高水平	质量改善	较快改善	一般宽松
2003	较快增长	缓慢增长	进程较快	功能扩张	较高水平	质量改善	较快改善	一般宽松
2004	较快增长	缓慢增长	进程较快	功能扩张	非常高水平	质量下降	较快改善	一般宽松
2005	快速增长	缓慢增长	进程较快	功能扩张	非常高水平	质量下降	较快改善	一般宽松
2006	快速增长	缓慢增长	进程较快	功能扩张	非常高水平	质量下降	较快改善	明显宽松
2007	快速增长	缓慢增长	进程较快	功能扩张	非常高水平	质量改善	较快改善	明显宽松
2008	快速增长	缓慢增长	进程较快	功能扩张	较高水平	质量改善	较快改善	明显宽松
2009	快速增长	缓慢增长	进程较快	功能扩张	较高水平	质量改善	较快改善	明显宽松
2010	快速增长	缓慢增长	进程较快	功能扩张	较高水平	质量改善	较快改善	明显宽松
2011	较快增长	缓慢增长	进程较快	功能扩张	正常水平	质量改善	较快改善	一般严格
2012	较快增长	缓慢增长	进程较快	功能扩张	正常水平	质量改善	较快改善	一般严格

　　根据表6-2对各变量的编码处理，对表6-3进行变换，得到编码后的事务数据库，见表6-4。

表 6 - 4　编码后的事务数据库（1980—2012 年）

年份	北京市常住人口增长情况	全国人口规模变化情况	全国城镇化进程	首都功能	经济发展水平	自然环境	社会环境	人口政策
1980	x_{11}	x_{22}	x_{31}	x_{41}	x_{52}	x_{61}	x_{71}	x_{83}
1981	x_{12}	x_{22}	x_{31}	x_{41}	x_{51}	x_{61}	x_{71}	x_{83}
1982	x_{13}	x_{22}	x_{31}	x_{41}	x_{51}	x_{61}	x_{71}	x_{83}
1983	x_{12}	x_{22}	x_{31}	x_{41}	x_{53}	x_{61}	x_{71}	x_{83}
1984	x_{12}	x_{22}	x_{32}	x_{41}	x_{53}	x_{61}	x_{71}	x_{83}
1985	x_{13}	x_{22}	x_{31}	x_{41}	x_{51}	x_{61}	x_{71}	x_{83}
1986	x_{14}	x_{22}	x_{31}	x_{41}	x_{51}	x_{61}	x_{71}	x_{82}
1987	x_{13}	x_{22}	x_{31}	x_{41}	x_{52}	x_{61}	x_{71}	x_{82}
1988	x_{12}	x_{22}	x_{31}	x_{41}	x_{53}	x_{61}	x_{71}	x_{82}
1989	x_{12}	x_{22}	x_{31}	x_{41}	x_{51}	x_{61}	x_{71}	x_{82}
1990	x_{12}	x_{22}	x_{31}	x_{41}	x_{51}	x_{61}	x_{71}	x_{82}
1991	x_{11}	x_{22}	x_{31}	x_{41}	x_{52}	x_{61}	x_{71}	x_{82}
1992	x_{11}	x_{22}	x_{31}	x_{41}	x_{52}	x_{61}	x_{71}	x_{82}
1993	x_{11}	x_{22}	x_{31}	x_{41}	x_{53}	x_{61}	x_{71}	x_{82}
1994	x_{12}	x_{22}	x_{31}	x_{41}	x_{53}	x_{61}	x_{71}	x_{82}
1995	x_{14}	x_{22}	x_{31}	x_{41}	x_{53}	x_{61}	x_{73}	x_{82}
1996	x_{11}	x_{22}	x_{32}	x_{42}	x_{51}	x_{61}	x_{73}	x_{81}
1997	x_{11}	x_{22}	x_{32}	x_{42}	x_{52}	x_{61}	x_{73}	x_{81}
1998	x_{11}	x_{21}	x_{32}	x_{42}	x_{52}	x_{62}	x_{73}	x_{81}
1999	x_{11}	x_{21}	x_{32}	x_{42}	x_{52}	x_{62}	x_{72}	x_{81}
2000	x_{14}	x_{21}	x_{32}	x_{42}	x_{52}	x_{62}	x_{72}	x_{81}
2001	x_{12}	x_{21}	x_{32}	x_{42}	x_{52}	x_{62}	x_{72}	x_{81}
2002	x_{13}	x_{21}	x_{32}	x_{42}	x_{52}	x_{62}	x_{72}	x_{83}
2003	x_{13}	x_{21}	x_{32}	x_{42}	x_{52}	x_{62}	x_{72}	x_{83}
2004	x_{13}	x_{21}	x_{32}	x_{42}	x_{53}	x_{61}	x_{72}	x_{83}
2005	x_{14}	x_{21}	x_{32}	x_{42}	x_{53}	x_{61}	x_{72}	x_{83}
2006	x_{14}	x_{21}	x_{32}	x_{42}	x_{53}	x_{61}	x_{72}	x_{84}
2007	x_{14}	x_{21}	x_{32}	x_{42}	x_{53}	x_{62}	x_{72}	x_{84}
2008	x_{14}	x_{21}	x_{32}	x_{42}	x_{52}	x_{62}	x_{72}	x_{84}
2009	x_{14}	x_{21}	x_{32}	x_{42}	x_{52}	x_{62}	x_{72}	x_{84}
2010	x_{14}	x_{21}	x_{32}	x_{42}	x_{52}	x_{62}	x_{72}	x_{84}
2011	x_{13}	x_{21}	x_{32}	x_{42}	x_{51}	x_{62}	x_{72}	x_{82}
2012	x_{13}	x_{21}	x_{32}	x_{42}	x_{51}	x_{62}	x_{72}	x_{82}

将 33 个小组数据按北京市人口增长率的大小分为 4 个大组，每个大组由 8 个小组（最后一组 9 个小组）组成。分别为第 1 组：人口增长率 <1%；第 2 组：1% < 人口增长率 <1.65%；第 3 组：1.65 < 人口增长率 <3%；第 4 组：3% < 人口增长率。本文对每个大组分别进行关联规则挖掘，然后对各大组的挖掘结果进行比较。

各大组事务数据库如表 6-5 所示。

表 6-5　分组事务数据库（1980—2004 年）

年份	北京市常住人口增长情况	全国人口规模变化情况	全国城镇化进程	首都功能	经济发展水平	自然环境	社会环境	人口政策
1980	x_{11}	x_{22}	x_{31}	x_{41}	x_{52}	x_{61}	x_{71}	x_{83}
1991	x_{11}	x_{22}	x_{31}	x_{41}	x_{52}	x_{61}	x_{71}	x_{82}
1992	x_{11}	x_{22}	x_{31}	x_{41}	x_{52}	x_{61}	x_{71}	x_{82}
1993	x_{11}	x_{22}	x_{31}	x_{41}	x_{53}	x_{61}	x_{71}	x_{82}
1996	x_{11}	x_{22}	x_{32}	x_{42}	x_{51}	x_{61}	x_{73}	x_{81}
1997	x_{11}	x_{22}	x_{32}	x_{42}	x_{52}	x_{61}	x_{73}	x_{81}
1998	x_{11}	x_{21}	x_{32}	x_{42}	x_{52}	x_{62}	x_{73}	x_{81}
1999	x_{11}	x_{21}	x_{32}	x_{42}	x_{52}	x_{62}	x_{72}	x_{81}
1981	x_{12}	x_{22}	x_{31}	x_{41}	x_{51}	x_{61}	x_{71}	x_{83}
1983	x_{12}	x_{22}	x_{31}	x_{41}	x_{53}	x_{61}	x_{71}	x_{83}
1984	x_{12}	x_{22}	x_{32}	x_{41}	x_{53}	x_{61}	x_{71}	x_{83}
1988	x_{12}	x_{22}	x_{31}	x_{41}	x_{53}	x_{61}	x_{71}	x_{82}
1989	x_{12}	x_{22}	x_{31}	x_{41}	x_{51}	x_{61}	x_{71}	x_{82}
1990	x_{12}	x_{22}	x_{31}	x_{41}	x_{51}	x_{61}	x_{71}	x_{82}
1994	x_{12}	x_{22}	x_{31}	x_{41}	x_{53}	x_{61}	x_{71}	x_{82}
2001	x_{12}	x_{21}	x_{32}	x_{42}	x_{52}	x_{62}	x_{72}	x_{81}
1982	x_{13}	x_{22}	x_{31}	x_{41}	x_{51}	x_{61}	x_{71}	x_{83}
1985	x_{13}	x_{22}	x_{31}	x_{41}	x_{51}	x_{61}	x_{71}	x_{83}
1987	x_{13}	x_{22}	x_{31}	x_{41}	x_{52}	x_{61}	x_{71}	x_{82}
2002	x_{13}	x_{21}	x_{32}	x_{42}	x_{52}	x_{62}	x_{72}	x_{83}
2003	x_{13}	x_{21}	x_{32}	x_{42}	x_{52}	x_{62}	x_{72}	x_{83}
2004	x_{13}	x_{21}	x_{32}	x_{42}	x_{53}	x_{61}	x_{72}	x_{83}
2011	x_{13}	x_{21}	x_{32}	x_{42}	x_{51}	x_{62}	x_{72}	x_{82}

续表

年份	北京市常住人口增长情况	全国人口规模变化情况	全国城镇化进程	首都功能	经济发展水平	自然环境	社会环境	人口政策
2012	x_{13}	x_{21}	x_{32}	x_{42}	x_{51}	x_{62}	x_{72}	x_{82}
1986	x_{14}	x_{22}	x_{31}	x_{41}	x_{51}	x_{61}	x_{71}	x_{82}
1995	x_{14}	x_{22}	x_{31}	x_{41}	x_{53}	x_{61}	x_{73}	x_{82}
2000	x_{14}	x_{21}	x_{32}	x_{42}	x_{52}	x_{62}	x_{72}	x_{81}
2005	x_{14}	x_{21}	x_{32}	x_{42}	x_{53}	x_{61}	x_{72}	x_{83}
2006	x_{14}	x_{21}	x_{32}	x_{42}	x_{53}	x_{61}	x_{72}	x_{84}
2007	x_{14}	x_{21}	x_{32}	x_{42}	x_{53}	x_{62}	x_{72}	x_{84}
2008	x_{14}	x_{21}	x_{32}	x_{42}	x_{52}	x_{62}	x_{72}	x_{84}
2009	x_{14}	x_{21}	x_{32}	x_{42}	x_{52}	x_{62}	x_{72}	x_{84}
2010	x_{14}	x_{21}	x_{32}	x_{42}	x_{52}	x_{62}	x_{72}	x_{84}

6.4.2　构建 FP – Tree

设定最小支持度为 3，对事务数据库进行两次扫描，得到频繁项表 L_1、L_2、L_3 和 L_4，如表 6 – 6 所示。

表 6 – 6　频繁项表

L_1	L_2	L_3	L_4
x_{61}，6	x_{71}，7	x_{83}，5	x_{72}，7
x_{52}，6	x_{61}，7	x_{72}，5	x_{42}，7
x_{22}，6	x_{41}，7	x_{42}，5	x_{32}，7
x_{81}，4	x_{22}，7	x_{32}，5	x_{21}，7
x_{71}，4	x_{31}，6	x_{21}，5	x_{84}，5
x_{42}，4	x_{82}，4	x_{62}，4	x_{62}，5
x_{41}，4	x_{53}，4	x_{61}，4	x_{61}，4
x_{32}，4	x_{83}，3	x_{51}，4	x_{53}，4
x_{31}，4	x_{51}，3	x_{82}，3	x_{52}，4
x_{82}，3		x_{71}，3	
x_{73}，3		x_{52}，3	
		x_{41}，3	
		x_{31}，3	
		x_{22}，3	

根据以上结果可知：

第 1 组：全国人口规模出现"快速扩张"的次数较多，全国城镇化进程出现"进程较快"和"进程缓慢"的次数一样多，首都功能"功能缩减"和"功能扩张"的次数也一样多，经济发展水平"较高水平"次数占据主导，自然环境"质量下降"次数很多，社会环境"缓慢改善"和"快速改善"居多，人口政策"严厉管控"和"一般严格"的次数较多，北京市人口增长率低于 1%。

第 2 组：全国人口规模出现"快速扩张"次数、自然环境"质量下降"次数、社会环境"缓慢改善"次数和首都功能"功能缩减"次数均占据主导，全国城镇化进程出现"进程缓慢"的次数很多，经济发展水平"非常高水平"的次数较"正常水平"多一次，人口政策"一般严格"比"一般宽松"的次数微多，北京市人口增长率在（1%，1.65%）区间内。

第 3 组：全国人口规模"缓慢增长"多于"快速扩张"，全国城镇化进程"进程较快"次数多于"进程较慢"，首都功能"功能扩张"多于"功能缩减"，经济发展"正常水平"次数比"较高水平"多一次，自然环境"质量下降"和"质量改善"次数一样，社会环境"较快改善"比"缓慢改善"多两次，人口政策"一般宽松"比"一般严格"多两次，北京市人口增长率在区间（1.65%，3%）区间内。

第 4 组：全国人口规模"缓慢增长"次数、全国城镇化进程"进程较快"次数、首都功能"功能扩张"次数和社会环境"较快改善"次数均占据主导，经济发展"非常高水平"次数与"较高水平"一样多，都为 4 次，自然环境"质量改善"比"质量下降"多一次，人口政策"明显宽松"次数居多，北京市人口增长率大于 3%。

6.4.3　数据分析与比较

通过对每一个大组的挖掘，我们得到的初步结论为：若某一个变量出现次数较多，那么这一变量对人口增长的影响较大，例如，人口政策"一般宽松"出现的次数较多，那么它对北京市人口增长的影响较大。但这一结论存在一定的不合理性，因为显然"明显宽松"这一政策对人口数量增长的影响比"一般宽松"更大。为克服这一缺点，本文之前对北京市人口增长速度根据其快慢程度进行了区间划分，并以 1980—2012 年间北京市人口增长率的中位数作为分界线，将人口增长分为慢（Ⅰ组）和快（Ⅱ组）两个大类，并将每个大类又分为两个小组。下面我们将通过对人口增长快慢不同区间之间各变量的比较，得出在两个区间中哪一个变量出现的频率的不同导致了人口增长快慢的区别，以此确定各变量在影响人口增长中的重要性。

首先，对人口增长慢（Ⅰ组）与人口增长快（Ⅱ组）两个大组进行比较：针对全国人口规模，Ⅰ组增长快于Ⅱ组；针对全国城镇化进程，Ⅱ组快于Ⅰ组；针对首都功能，Ⅱ组更加偏向"功能扩张"；针对经济发展水平，Ⅱ组"较高水平"多于Ⅰ组；针对环境状况，自然环境中Ⅱ组好于Ⅰ组，社会环境中"较快改善"次数Ⅱ组多于Ⅰ组；针对人口政策，Ⅱ组的"一般宽松"和"明显宽松"次数明显多于Ⅰ组，而"一般严格"和"严格管控"次数明显比Ⅰ组少。

其次，分别对每个大组里的两个小组进行比较：

比较第1组和第2组：针对全国人口规模，第2组"快速扩张"比第1组多一次；针对全国城镇化进程，第2组"进程缓慢"次数多于第1组，但第1组"进程较快"和"进程缓慢"各半；针对首都功能，第2组"功能缩减"次数多于第一组，但第1组"缩减"和"扩张"次数一样多；针对经济发展水平，第2组"非常高水平"次数多于第1组；针对环境状况，第2组自然环境"质量下降"次数微多于第1组，社会环境第1组"明显改善"次数多于第2组；针对人口政策，第1组比第2组明显偏向于严格。

比较第3组和第4组：针对全国人口规模，第4组比第3组"缓慢增长"次数更多；针对全国城镇化进程，第4组"进程较快"次数多于第3组；针对首都功能，第4组比第3组明显"功能扩张"；针对经济发展水平，第4组"非常高水平"和"较高水平"次数均多于第3组；针对环境状况，两组自然环境状况接近，社会环境第4组"较快改善"次数略多于第3组；针对人口政策，第4组相比第3组"明显宽松"出现次数明显增多。

通过以上分析我们可以得出如下结论：全国城镇化进程、首都功能、经济发展水平、社会环境和人口政策5个文本因素对北京市人口增长影响显著，全国人口规模和自然环境对北京市人口增长影响不大。

6.5　文本因素评估

本节运用 Matlab 软件，以 RBF 神经网络模型作为人口预测模型，分别以历史人口数据和"5 个文本因素 + 历史人口数据"指标组合为输入数据，代入 RBF 模型进行人口预测，然后将两个结果进行对比分析，据此对挖掘出来的 5 个文本因素指标的有效性和合理性进行评估。

6.5.1 文本预处理

要想将文本因素代入 RBF 神经网络进行人口预测，首先要对其进行预处理，将这些因素转变成模型可识别可处理的形式。本章采用文本赋值的方式，对以上 5 个文本因素进行量化处理。根据前几节的分级结果，对挖掘出来的文本类因素进行如下赋值：

表 6 – 7   文本因素赋值

指　标	编　码	赋　值
北京人口数量增长变化情况	x_{11} 缓慢增长；	1
	x_{12} 较慢增长；	2
	x_{13} 较快增长；	3
	x_{14} 快速增长	4
全国城镇化进程	x_{31} 进程缓慢；	1
	x_{32} 进程较快	2
首都功能	x_{41} 功能缩减；	− 1
	x_{42} 功能扩张	1
经济发展水平	x_{51} 正常水平；	1
	x_{52} 较高水平；	2
	x_{53} 非常高水平	3
社会环境	x_{71} 缓慢改善；	1
	x_{72} 较快改善	2
	x_{73} 快速改善	3
人口政策	x_{81} 严厉管控；	− 2
	x_{82} 一般严格；	− 1
	x_{83} 一般宽松；	1
	x_{84} 明显宽松	2

利用表 6 – 7 文本因素赋值结果和前几节对 1980—2012 年北京市人口及各影响因素分级分类结果，将各文本因素赋值编码如表 6 – 8：

表 6 - 8　各因素赋值编码结果（1980—2012 年）

年份	北京实际人口（万人）	城镇化进程	首都功能	经济发展	社会环境	人口政策
1980	904. 3	1	-1	2	1	1
1981	919. 2	1	-1	1	1	1
1982	935	1	-1	1	1	1
1983	950	1	-1	3	1	1
1984	965	2	-1	3	1	1
1985	981	1	-1	1	1	1
1986	1028	1	-1	1	1	-1
1987	1047	1	-1	2	1	-1
1988	1061	1	-1	3	1	-1
1989	1075	1	-1	1	1	-1
1990	1086	1	-1	1	1	-1
1991	1094	1	-1	2	1	-1
1992	1102	1	-1	2	1	-1
1993	1112	1	-1	3	1	-1
1994	1125	1	-1	3	1	-1
1995	1251. 1	1	-1	3	3	-1
1996	1259. 4	2	1	1	3	-2
1997	1240	2	1	2	3	-2
1998	1245. 6	2	1	2	3	-2
1999	1257. 2	2	1	2	2	-2
2000	1363. 6	2	1	2	2	-2
2001	1385. 1	2	1	2	2	-2
2002	1423. 2	2	1	2	2	1
2003	1456. 4	2	1	2	2	1
2004	1492. 7	2	1	3	2	1
2005	1538	2	1	3	2	1
2006	1601	2	1	3	2	2
2007	1676	2	1	3	2	2
2008	1771	2	1	2	2	2
2009	1860	2	1	2	2	2
2010	1961. 9	2	1	2	2	2
2011	2018. 6	2	1	1	2	-1
2012	2069. 3	2	1	1	2	-1

6.5.2　基于文本挖掘的北京市人口预测

本节首先以北京市 1980—2004 年 25 年间的人口数量数据作为训练样本，对 RBF 神经网络进行训练，然后对北京市 2005—2012 年 8 年间的人口数量进行预测；其次，将挖掘出来的5个文本因素指标与人口数量数据同时输入RBF预测模型进行训练，并对北京市人口进行预测；最后，对两组预测结果进行比较，观察添加文本类影响因素后预测效果是否得到改善。

（1）基于历史人口数量数据的北京市人口预测结果。

在仅以北京市历史人口数量数据作为输入变量的情况下，RBF神经网络样本训练拟合结果及预测结果如图6-7、图6-8所示：

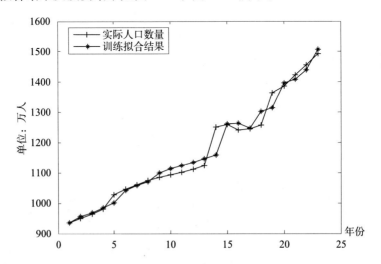

图6-7　仅以历史人口数量数据作为输入数据时模型训练拟合结果（1980—2004年）

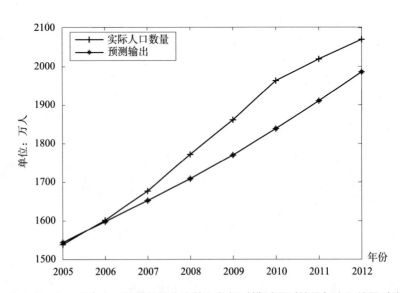

图6-8　仅以历史人口数量数据作为输入数据时模型预测结果与实际结果对比

（2）加入文本类影响因素后的北京市人口预测结果

在以"北京市历史人口数量 + 文本因素"作为输入变量后，RBF 神经网络样本训练拟合结果及预测结果如图 6 - 9、图 6 - 10 所示：

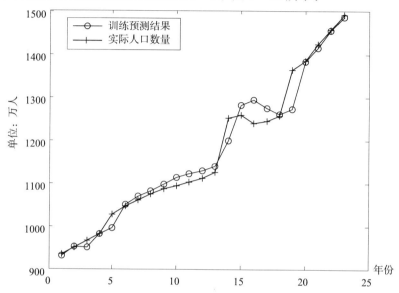

图 6 - 9　以"历史人口数量 + 文本因素"作为输入数据时模型训练拟合结果（1980—2004 年）

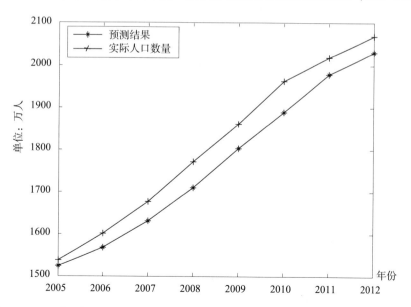

图 6 - 10　以"历史人口数量 + 文本因素"作为输入数据时模型预测结果与实际结果对比

（3）两组结果对比分析

两组训练拟合结果对比如图 6 - 11 所示：

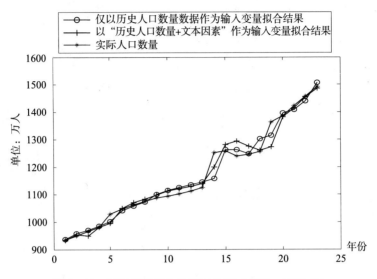

图 6 - 11　两组训练拟合结果对比图（1980—2004 年）

两组预测结果对比如图 6 - 12 所示：

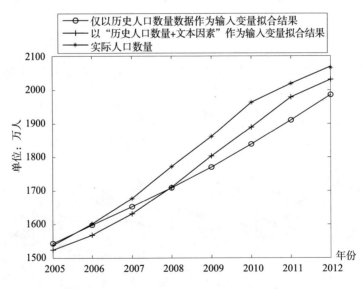

图 6 - 12　两组预测结果对比图（2005—2012 年）

两组预测误差对比:

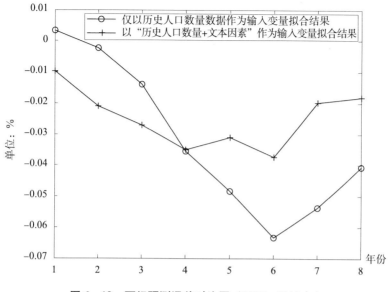

图 6 - 13　两组预测误差对比图（2005—2012 年）

从以上结果可以看出，两组预测模型在训练中拟合效果非常接近，但在实际预测中结果差异很大：在仅以历史人口数量数据作为输入数据的情况下，预测结果会不断偏离实际结果，导致预测误差比较大，波动性强，模型稳定性差；而在以"历史人口数量 + 文本因素"作为模型输入数据时，预测结果更加接近实际结果，而且预测误差明显减小，分布均匀，模型的稳定性更好。

因此，将文本因素代入 RBF 神经网络预测模型以后，预测精度会明显提高，模型也会更加稳定，预测效果明显更好。由此可见，我们挖掘出来的文本因素是合理和有效的，其对北京市人口增长变化具有重要影响，对提高预测精度和预测效果意义重大。

6.6　本章小结

本章首先介绍了文本挖掘的概念，并指出文本挖掘的主要步骤：目标文本集的确定、文本预处理、文本挖掘、模式评估与表示，然后重点介绍了包括 K 临近算法、决策树法（包括 ID3 算法、C4.5 算法和 REP - Tree 决策树算法）

和 FP – Tree 算法等文本挖掘方法。

　　然后，利用 FP – Tree 算法对影响北京市人口增长的文本因素进行分析挖掘，最终挖掘出对北京市人口增长有重大影响的 5 个文本类因素：全国城镇化进程、首都功能、经济发展水平、社会环境和人口政策，这些因素在人口预测中不可忽略。

　　最后，分别以历史人口数据和 "5 个文本因素 + 历史人口数据" 指标组合为输入数据，利用 RBF 神经网络模型，通过预测分析来对文本挖掘结果进行评估检测，结果显示：我们挖掘出来的文本因素是合理和有效的，其对北京市人口增长变化具有重要影响，对提高预测精度和预测效果意义重大。

第7章 基于 REPTree + DE – RBF 模型的北京市人口预测分析

本章将在前几章数据挖掘和文本挖掘获得数据的基础上，把 DE – RBF 模型与 REP – TREE 决策树进行有机结合，将文本类影响因素和基于数据挖掘的 DE – RBF 模型的预测偏差率同时输入 REP – Tree，获得 IF – Then 规则，从而得到一个既包含数据知识也包含文本知识的基于复合知识的预测偏差调整率，并运用该调整率对人口预测结果进行再调整，最终提高人口预测精度。

7.1 建立基于知识挖掘的 REPTree + DE – RBF 人口预测模型

第5章中我们利用数据挖掘技术筛选出了预测效果最好的指标组合"历史人口数量 + 死亡率"，本章将通过把这一指标组合的历年预测偏差率［定义"预测偏差率 =（实际值 – 预测值）/ 预测值 = 实际值/预测值 – 1"］和对应的历年文本因素赋值及编码代入 Weka 软件中，利用 REP – Tree 技术，生成 IF – Then 规则调整预测偏差率，从而将影响人口增长的文本类因素和之前筛选出的 DE – RBF 神经网络预测模型结合起来，建立基于复合知识挖掘的北京市人口增长趋势预测模型，并通过观察预测精度是否会有所提高来验证这种模型的有效性。

利用 REP – Tree 技术和 DE – RBF 预测模型建立基于复合知识挖掘的北京市人口增长趋势预测模型的过程如下：

（1）将 1981—2013 年 33 年间的"历史人口数量 + 死亡率"指标组合数据输入 DE – RBF 神经网络模型进行样本学习、训练和预测，获得预测结果，根据预测结果计算出相应的预测偏差率［预测偏差率 =（实际值 – 预测值）/ 预测值 = 实际值/预测值 – 1］；

（2）根据第 6 章表 6 - 2、表 6 - 3、表 6 - 4 各文本因素赋值及编码和初始事务数据库，获得 1980—2012 年 33 年间各文本因素（全国城镇化进程、首都功能、经济发展水平、自然环境、社会环境和人口政策）历年赋值及编码结果（考虑到文本因素对人口数量影响的延迟效应，本文设定延迟时间为 1 年，即利用前一年的文本因素状况预测下一年的人口数量）；

（3）然后将第（1）步获得的预测偏差率和第（2）步各文本因素赋值及编码结果全部输入 Weka 软件，利用 REP – Tree 分类器做 IF – Then 规则分析，得到相应的预测偏差调整率（即对预测结果的调整率）；

（4）利用得到的预测偏差调整率对数据挖掘中"历史人口数量 + 死亡率"指标组合的预测结果进行调整，即在原来人口数量预测结果的基础上增加或减少相应的百分比。

根据以上分析，利用 Weka 软件得出的决策结果（IF – Then 规则）如图 7 - 1 所示：

```
REPTree
= = = = = = = = = = = =
jjfz = x_51
|  rkzc = x_83：- 1.04（2/6.48）［0/0］
|  rkzc = x_82
|    |  czh = x_31：2.23（3/5.74）［0/0］
|    |  czh = x_32：0.65（2/0.67）［0/0］
|  rkzc = x_81：- 5.09（1/0）［0/0］
|  rkzc = x_84：0.1（0/0）［0/0］
jjfz = x_53
|  rkzc = x_83
|    |  sdgn = x_41
|    |    |  czh = x_31：0.07（1/0）［0/0］
|    |    |  czh = x_32：0.74（1/0）［0/0］
|    |  sdgn = x_42：1.67（2/0.01）［0/0］
|  rkzc = x_82
|    |  shhj = x_71：4.99（3/19.24）［0/0］
|    |  shhj = x_73：2.9（1/0）［0/0］
|    |  shhj = x_72：4.47（0/0）［0/0］
|  rkzc = x_81：2.74（0/0）［0/0］
|  rkzc = x_84：2.69（2/0）［0/0］
jjfz = x_52
|  shhj = x_71：0.06（3/0.17）［0/0］
|  shhj = x_73：0.2（2/2.51）［0/0］
|  shhj = x_72
|    |  rkzc = x_83：1.03（2/0.35）［0/0］
```

｜ ｜ rkzc = x_82：2.14 （0/0） ［0/0］

｜ ｜ rkzc = x_81：3.76 （3/11.18） ［0/0］

｜ ｜ rkzc = x_84：1.26 （3/0.59） ［0/0］

Size of thetree：28

图 7 - 1 REP - Tree 得出的 IF - Then 规则

由上图可以总结出 IF - Then 规则及预测偏差调整率如下：

如果 jjfz = x_51 （经济发展 "正常水平"），rkzc = x_83 （人口政策 "一般宽松"），则预测偏差调整率 = - 1.04%，即预测结果下调 1.04%；

如果 jjfz = x_51 （经济发展 "正常水平"），rkzc = x_82 （人口政策 "一般严格"），czh = x_31 （城镇化进程 "进程缓慢"），则预测偏差调整率 = 2.23%，即预测结果上调 2.23%。

如果 jjfz = x_51 （经济发展 "正常水平"），rkzc = x_82 （人口政策 "一般严格"），czh = x_32 （城镇化进程 "进程较快"），则预测偏差调整率 = 0.65%，即预测结果上调 0.65%；

如果 jjfz = x_51 （经济发展 "正常水平"），rkzc = x_81 （人口政策 "严厉管控"），则预测偏差调整率 = - 5.09%，即预测结果下调 5.09%；

如果 jjfz = x_51 （经济发展 "正常水平"），rkzc = x_84 （人口政策 "明显宽松"），则预测偏差调整率 = 0.1%，即预测结果上调 0.1%；

如果 jjfz = x_53 （经济发展 "非常高水平"），rkzc = x_83 （人口政策 "一般宽松"），sdgn = x_41 （首都功能 "功能缩减"），czh = x_31 （城镇化进程 "进程缓慢"），则预测偏差调整率 = 0.07%，即预测结果上调 0.07%；

如果 jjfz = x_53 （经济发展 "非常高水平"），rkzc = x_83 （人口政策 "一般宽松"），sdgn = x_41 （首都功能 "功能缩减"），czh = x_32 （城镇化进程 "进程较快"），则预测偏差调整率 = 0.74%，即预测结果上调 0.74%；

如果 jjfz = x_53 （经济发展 "非常高水平"），rkzc = x_83 （人口政策 "一般宽松"），sdgn = x_42 （首都功能 "功能缩减"），则预测偏差调整率 = 1.67%，即预测结果上调 1.67%；

如果 jjfz = x_53 （经济发展 "非常高水平"），rkzc = x_82 （人口政策 "一般严格"），shhj = x_71 （社会环境 "缓慢改善"），则预测偏差调整率 = 4.99%，即预测结果上调 4.99%；

如果 jjfz = x_53 （经济发展 "非常高水平"），rkzc = x_82 （人口政策 "一般严格"），shhj = x_71 （社会环境 "缓慢改善"），则预测偏差调整率 =

4.99%，即预测结果上调 4.99%；

如果 jjfz = x_53（经济发展"非常高水平"），rkzc = x_82（人口政策"一般严格"），shhj = x_73（社会环境"快速改善"），则预测偏差调整率 = 2.9%，即预测结果上调 2.9%；

如果 jjfz = x_53（经济发展"非常高水平"），rkzc = x_82（人口政策"一般严格"），shhj = x_72（社会环境"较快改善"），则预测偏差调整率 = 4.47%，即预测结果上调 4.47%；

如果 jjfz = x_53（经济发展"非常高水平"），rkzc = x_81（人口政策"严厉管控"），则预测偏差调整率 = 2.74%，即预测结果上调 2.74%；

如果 jjfz = x_53（经济发展"非常高水平"），rkzc = x_84（人口政策"明显宽松"），则预测偏差调整率 = 2.69%，即预测结果上调 2.69%；

如果 jjfz = x_52（经济发展"较高水平"），shhj = x_71（社会环境"缓慢改善"），则预测偏差调整率 = 0.06%，即预测结果上调 0.06%；

如果 jjfz = x_52（经济发展"较高水平"），shhj = x_73（社会环境"快速改善"），则预测偏差调整率 = 0.2%，即预测结果上调 0.2%；

如果 jjfz = x_52（经济发展"较高水平"），shhj = x_72（社会环境"较快改善"），rkzc = x_83（人口政策"一般宽松"），则预测偏差调整率 = 1.03%，即预测结果上调 1.03%；

如果 jjfz = x_52（经济发展"较高水平"），shhj = x_72（社会环境"较快改善"），rkzc = x_82（人口政策"一般严格"），则预测偏差调整率 = 2.14%，即预测结果上调 2.14%；

如果 jjfz = x_52（经济发展"较高水平"），shhj = x_72（社会环境"较快改善"），rkzc = x_81（人口政策"严厉管控"），则预测偏差调整率 = 3.76%，即预测结果上调 3.76%；

如果 jjfz = x_52（经济发展"较高水平"），shhj = x_72（社会环境"较快改善"），rkzc = x_84（人口政策"明显宽松"），则预测偏差调整率 = 1.26%，即预测结果上调 1.26%。

7.2　实证分析

利用上面得到的预测偏差调整率，在第 3 章数据挖掘中利用"历史人口数

量 + 死亡率"数据对 2004—2013 年北京市人口数量预测结果的基础上，通过调整公式"原预测结果 × （1 + 预测偏差调整率）"，可得到调整后的预测结果，即经过知识挖掘之后对预测期 2004—2013 年北京市人口数量的预测结果，结果及误差对比如下：

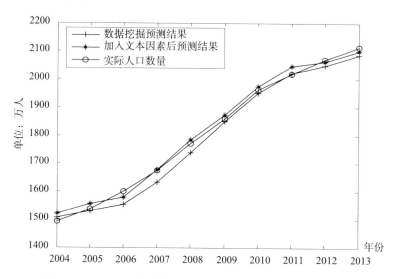

图 7 - 2　实际人口数量与加入文本因素调整后预测结果对比图

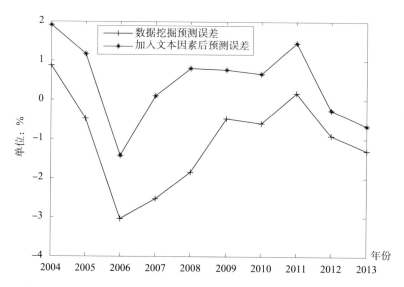

图 7 - 3　数据挖掘（历史人口数量 + 死亡率）预测误差与
加入文本因素调整后预测误差对比图

表 7 - 1　数据挖掘（历史人口数量 + 死亡率）预测结果与加入文本因素调整后预测结果对比

年份（年）		2004	2005	2006	2007	2008	2009	2010	2011	2012	2013	平均误差
实际人口数量（万人）		1492.7	1538.0	1601.0	1676.0	1771.0	1860.0	1961.9	2018.6	2069.3	2114.8	
数据挖掘（历史人口数量 + 死亡率）	预测结果（万人）	1505.8	1530.4	1552.1	1633.5	1738.2	1851.0	1950.1	2022.1	2050.3	2087.1	
	预测误差	0.87%	-0.49%	-3.05%	-2.53%	-1.85%	-0.48%	-0.60%	0.17%	-0.92%	-1.31%	1.23%
加入文本因素调整后	预测结果（万人）	1521.2	1556.0	1578.0	1677.5	1785.0	1874.4	1974.7	2047.6	2063.6	2100.6	
	预测误差	1.91%	1.17%	-1.43%	0.09%	0.79%	0.77%	0.65%	1.44%	-0.28%	-0.67%	0.92%

通过上表和图可以看出，在数据挖掘"历史人口数量 + 死亡率"指标组合预测结果的基础上加入文本因素调整后的预测误差为 0.92%，相比于只输入"历史人口数量 + 死亡率"的指标组合的误差率 1.23%，预测误差明显降低，预测精度大大提高；并且，部分在数据挖掘结果"历史人口数量 + 死亡率"指标组合中预测效果不好的时间点也得到了修正，极大提高了预测值曲线和真实值曲线的拟合度。

由此可见，在受到多因素影响、人口增长波动较大导致数据挖掘的预测效果不理想时，在预测中引入文本因素，预测效果会得到一定程度的提高，从而证实了复合知识挖掘在对中国特大城市人口预测中的合理性和有效性。

7.3　基于 REPTree - DERBF 的北京市中长期人口预测

第 4 章通过对比测试，选出了对北京市人口数量预测效果最好的 DE - RBF 神经网络模型；并使用 DE - RBF 神经网络模型对影响北京市人口增长的数量化因素进行了数据挖掘，最终发现"历史人口数量 + 死亡率"指标组合的预测平均误差最小，效果最好。本章将把这一指标组合作为影响北京市人口增长的数量化因素代入 DE - RBF 神经网络预测模型，对北京市中长期（30年）人口数量进行预测。然后，我们将使用情景分析法，结合文本挖掘结果以及 REP - Tree 决策树获得的 IF - Then 规则，对北京市中长期（30 年）人口数量变化进行动态预测分析。

7.3.1　情景分析法

未来是不确定的、多样的，各种不同的结果都有可能在未来出现，并且通向这种或那种未来结果的路径也不是唯一的，对可能出现的未来以及实现这种未来的途径的描述构成了一个"情景"。情景就是对未来情形以及能使事态由初始状态向未来状态发展的一系列事实的描述。

情景分析法，又称前景描述法或脚本法，是在推测的基础上设置不同的情景，并对可能的未来情景加以描述，同时将一些有关联的单独预测集形成一个总体的综合预测。这种方法并不是为了准确地预测未来，而是通过探究未来发展的多种可能途径检查可能的选择，为未来决策提供依据和框架。相比于传统预测方法单一的预测结果，情景分析法是一种开放式的预测，可以提供多种可能的路径，可以让决策者更好地掌控风险，做出迅速而灵活的反应。因此，情景分析法在处理复杂性、不确定性问题时具有巨大的优势，在众多领域得到了广泛的应用。

本文将使用情景分析法，设置不同的情景，利用 REP – Tree 获得的 IF – Then 规则，对 DE – RBF 神经网络模型的预测结果进行调整，实现对北京市未来 30 年人口增长变化的动态预测。

7.3.2 基于 DE – RBF 神经网络的北京市中长期人口预测

7.3.2.1 未来人口死亡率预测

从北京市历年常住人口死亡率（1980—2013 年）变化曲线图（图 7 – 4）可以看出，北京市常住人口死亡率变化范围较小，波动幅度不大，而且死亡率曲线逐年趋缓，所以我们可以使用 RBF 神经网络直接对人口的未来死亡率进行预测，以便将预测出来的结果代入最终人口预测模型，对北京市未来人口数量进行预测。

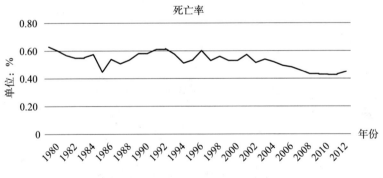

图 7 – 4　北京市常住人口历年死亡率变化（1980—2013 年）

设置模型预测步长为 5（即以前 5 年人口死亡率数据为输入数据，对第 6 年人口死亡率进行预测），以 1980—2013 年 34 年间的人口死亡率数据为训练数据，对 RBF 神经网络进行训练；然后利用训练好的网络对北京市未来 30 年人口死亡率（2014—2043 年）进行预测，结果如图 7 – 5、表 7 – 2。

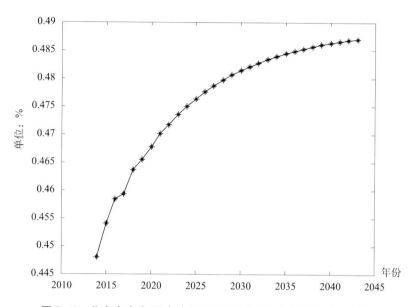

图 7 – 5　北京市未来 30 年人口死亡率预测结果 （2014—2043 年）

表 7 – 2　北京市未来 30 年人口死亡率预测结果 （2014—2043 年）

年　　份	2014	2015	2016	2017	2018	2019	2020	2021	2022	2023
预测结果（%）	0.45	0.45	0.46	0.46	0.46	0.47	0.47	0.47	0.47	0.47
年　　份	2024	2025	2026	2027	2028	2029	2030	2031	2032	2033
预测结果（%）	0.47	0.48	0.48	0.48	0.48	0.48	0.48	0.48	0.48	0.48
年份	2034	2035	2036	2037	2038	2039	2040	2041	2042	2043
预测结果	0.48	0.48	0.48	0.49	0.49	0.49	0.49	0.49	0.49	0.49

北京市历年常住人口死亡率（1980—2013 年） 及未来 30 年预测人口死亡率（2014—2043 年）结果如图 7 – 6 所示。

由以上各图表可以看出，使用 RBF 神经网络对北京市常住人口未来 30 年死亡率预测结果走势与北京市历年常住人口死亡率发展变化趋势基本吻合。同时，中国人口老龄化问题严重，老龄人口不断增加，最终会导致人口死亡率的上升；而使用 RBF 神经网络预测结果也显示，北京市常住人口死亡率存在着逐渐上升的趋势，说明利用这种方法获得的预测结果与现实状况吻合，结果可用。下面我们将利用这一结果，对北京市未来 30 年人口数量增长变化进行预测。

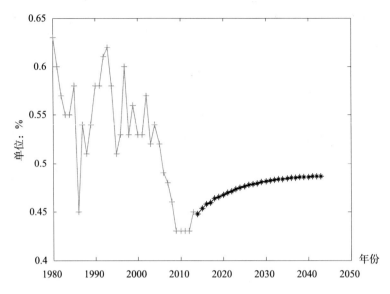

图 7 – 6　北京市历年常住人口死亡率（1980—2013 年）（ — ）

及未来 30 年预测人口死亡率（2014—2043 年）（ — ）结果

7.3.2.2　基于 DE – RBF 神经网络的北京市人口预测

本节将以"历史人口 + 死亡率"作为输入数据，设定步长为 3（即以前 3 年历史人口数量数据 + 第 4 年预测死亡率数据为输入数据，对第 4 年人口数量进行预测），利用 DE – RBF 模型对北京市未来 30 年（2014—2043 年）人口增长变化进行预测。以 1980—2013 年 34 年间的历史人口及死亡率数据为训练数据，对 DE – RBF 神经网络进行训练；然后利用训练好的 DE – RBF 模型对北京市未来 30 年（2014—2043 年）人口增长变化进行预测，预测结果如下：

未来 30 年（2014—2043 年）人口预测具体数量如下：

表 7 – 3　基于 DE – RBF 模型的北京市未来 30 年人口预测结果（2014—2043 年）

年　　份	2014	2015	2016	2017	2018	2019	2020	2021	2022	2023
预测结果（万人）	2167	2184	2272	2307	2345	2393	2436	2491	2551	2601
年　　份	2024	2025	2026	2027	2028	2029	2030	2031	2032	2033
预测结果（万人）	2646	2684	2721	2760	2796	2828	2854	2876	2895	2913
年　　份	2034	2035	2036	2037	2038	2039	2040	2041	2042	2043
预测结果（万人）	2930	2943	2955	2963	2971	2978	2984	2989	2993	2996

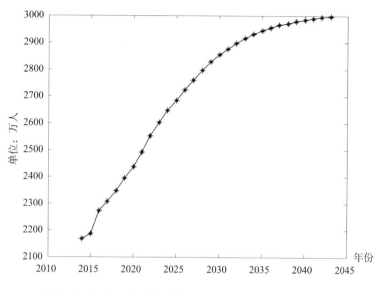

图 7 - 7　未来 30 年北京市人口预测结果（2014—2043 年）

北京市历史人口数量（1980—2013 年）及 DE - RBF 神经网络未来 30 年（2014—2043 年）人口预测结果如下图所示：

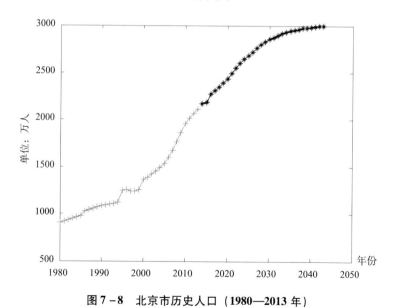

图 7 - 8　北京市历史人口（1980—2013 年）

及未来 30 年（2014—2043 年）预测人口数量变化趋势图

从上图可以看出，使用 DE – RBF 神经网络模型对北京市未来 30 年人口进行预测的结果基本符合北京市人口总体增长趋势，并且根据预测结果，北京市常住人口增长将在 2040 年前后趋于平缓，不断逼近 3000 万左右。

7.3.3 基于 REPTree – DERBF 模型的北京市人口动态预测分析

第 5 章通过文本挖掘获得了影响北京市人口增长的五个主要文本因素：经济发展水平、人口政策、社会环境、首都功能和全国城镇化进程，并对这几个因素与北京市人口增长的关系进行了描述（参见表 5 – 1）。第 6 章通过将文本类影响因素和基于数据挖掘的 DE – RBF 模型的预测偏差率同时输入 Weka 软件，利用 REP – Tree 决策树技术获得 IF – Then 规则及相应的预测偏差调整率，从中可以看出这五个因素的不同组合会对北京市人口增长产生不同的影响。其中，当经济发展较慢或者与其他地区相比落差不大，实行严格的人口政策，社会环境缓慢改善，首都功能缩减，城镇化进程减缓时，预测偏差调整率最小，北京市人口增长最慢；当经济发展非常迅速，或者与其他地区落差增大，人口政策相对宽松，社会环境快速改善，首都功能扩张，城镇化进程加快时，预测偏差调整率最大，北京市人口增长最快；当这五个因素保持目前状态基本不变时，即北京市未来经济发展、人口政策、首都功能和城镇化进程均保持目前状态不变或者变化不大，社会环境不断改善，北京市人口将保持稳定增长，增长速度将不会发生重大改变。

通过以上分析，我们可以得到有关北京市未来人口增长的三种基本情景：缓慢增长、稳定增长和快速增长。下面将基于这三种基本情景，利用 REP – Tree 获得的 IF – Then 规则，对 DE – RBF 神经网络模型的预测结果进行调整，实现对北京市未来 30 年人口增长变化的动态预测分析，从而获得在无重大意外事件发生时北京市未来人口增长的变化区间。

7.3.3.1 情景 1：缓慢增长

如果北京市未来经济发展处于比较低的水平（GDP < 9%），或者与其他省市相比差别不大，没有太大优势，并且采取严厉的人口政策以限制外来人口，社会环境处于缓慢的发展状态，首都功能不断缩减，全国城镇化进程也处于比较慢的发展状态，那么北京市的人口增长将会放缓，人口增长速度会有所下降，根据前面由 REP – Tree 获得的预测调整率，对原预测结果进行调整（即预测结果下调 5.09%），结果如下：

表 7 - 4　在缓慢增长情况下，北京市未来 30 年人口数量预测结果

年　　份	2014	2015	2016	2017	2018	2019
预测结果（万人）	2056.7	2072.8	2156.4	2189.6	2225.6	2271.2
年　　份	2020	2021	2022	2023	2024	2025
预测结果（万人）	2312.0	2364.2	2421.2	2468.6	2511.3	2547.4
年　　份	2026	2027	2028	2029	2030	2031
预测结果（万人）	2582.5	2619.5	2653.7	2684.1	2708.7	2729.6
年　　份	2032	2033	2034	2035	2036	2037
预测结果（万人）	2747.6	2764.7	2780.9	2793.2	2804.6	2812.2
年　　份	2038	2039	2040	2041	2042	2043
预测结果（万人）	2819.8	2826.4	2832.1	2836.9	2840.7	2843.5

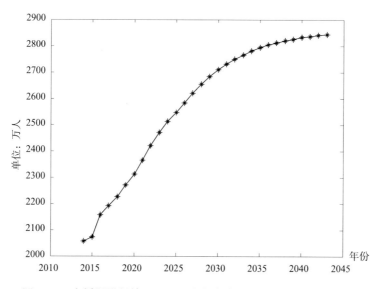

图 7 - 9　在缓慢增长情况下，北京市未来 30 年人口数量预测结果

7.3.3.2　情景 2：稳定增长

如果北京市未来经济发展处于较高的水平（12% > GDP > 9%），或者与其他省市相比有一定的优势，并且人口政策、首都功能和城镇化进程均保持目前状态不变或者变化不大，社会环境不断改善，那么北京市的人口增长将会保持稳定，人口增长速度不会产生太大变化，根据前面由 REP - Tree 获得的预测调整率，对原预测结果进行调整（即预测结果上调 0.06%），结果如下：

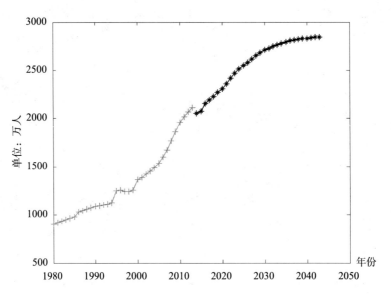

图7-10　在缓慢增长情况下，北京市历史人口数量（—）

及未来30年人口数量（+）预测结果

表7-5　在稳定增长情况下，北京市未来30年人口数量预测结果

年　份	2014	2015	2016	2017	2018	2019
预测结果（万人）	2168.3	2185.3	2273.4	2308.4	2346.4	2394.4
年　份	2020	2021	2022	2023	2024	2025
预测结果（万人）	2437.5	2492.5	2552.5	2602.6	2647.6	2685.6
年　份	2026	2027	2028	2029	2030	2031
预测结果（万人）	2722.6	2761.7	2797.7	2829.7	2855.7	2877.7
年　份	2032	2033	2034	2035	2036	2037
预测结果（万人）	2896.7	2914.7	2931.8	2944.8	2956.8	2964.8
年　份	2038	2039	2040	2041	2042	2043
预测结果（万人）	2972.8	2979.8	2985.8	2990.8	2994.8	2997.8

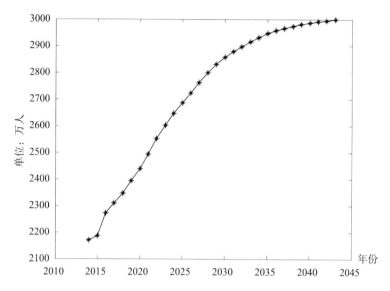

图 7 - 11　在稳定增长情况下，北京市未来 30 年人口数量预测结果

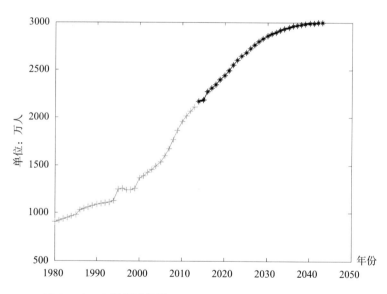

图 7 - 12　在缓慢增长情况下，北京市历史人口数量（＋）

及未来 30 年人口数量（＊）预测结果

7.3.3.3 情景3：快速增长

如果北京市未来经济发展处于非常高的水平（GDP > 12%），或者与其他省市相比差别很大，优势明显，并且人口政策放宽松，社会环境改善较快，首都功能继续增加，全国城镇化进程也处于比较快的发展状态，那么北京市的人口增长速度将会加快，根据前面由 REP - Tree 获得的预测调整率，对原预测结果进行调整（即预测结果上调2.69%），结果如下：

表7 - 6 在快速增长情况下，北京市未来30年人口数量预测结果

年　　份	2014	2015	2016	2017	2018	2019
预测结果（万人）	2225.3	2242.7	2333.1	2369.1	2408.1	2457.4
年　　份	2020	2021	2022	2023	2024	2025
预测结果（万人）	2501.5	2558.0	2619.6	2671.0	2717.2	2756.2
年　　份	2026	2027	2028	2029	2030	2031
预测结果（万人）	2794.2	2834.2	2871.2	2904.1	2930.8	2953.4
年　　份	2032	2033	2034	2035	2036	2037
预测结果（万人）	2972.9	2991.4	3008.8	3022.2	3034.5	3042.7
年　　份	2038	2039	2040	2041	2042	2043
预测结果（万人）	3050.9	3058.1	3064.3	3069.4	3073.5	3076.6

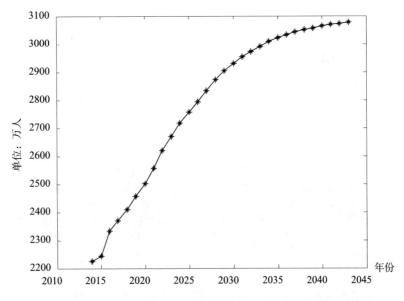

图7 - 13 在快速增长情况下，北京市未来30年人口数量预测结果

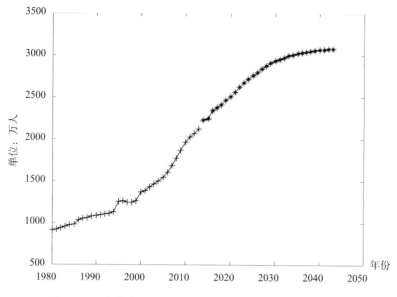

图 7 - 14　在快速增长情况下，北京市历史人口数量 （ ─┼─ ）

及未来 30 年人口数量预测结果 （ ─✱─ ）

7.4　结果分析

从以上结果可以看出，无论各文本因素如何变化，北京市人口在未来 30 年都将继续保持增长的势头，并且可以得到如下结论：

（1）在经济发展迅速、人口政策宽松、社会环境快速改善、首都功能不断扩大和城镇化进程不断加快的情况下，北京市最快在 2034 年左右达到 3000 万人；但在经济发展水平降低、人口政策严厉管控、社会环境改善缓慢、首都功能不断缩减和城镇化进程放缓的情况下，人口增长速度将会明显减慢，在 2040 年前后人口可达到 2800 多万（参见图 7 - 15、图 7 - 16）。

（2）在这 5 个文本因素中，经济发展水平对人口数量增长影响最大，社会环境和人口政策次之，其余因素影响相对较弱。所以，减少地区间经济与社会发展落差，让人们有更多的选择，并合理地利用人口政策疏导人口合理有序流动，才能有效避免人口过度膨胀带来的诸如交通拥挤、环境破坏和资源短缺等城市病的发生。

（3）使用复合知识挖掘技术对影响人口增长变化的因素进行分析挖掘，同时将数量化因素和文本类因素输入预测模型对人口进行动态预测，不仅可以极大地提高人口预测的精度，还可以综合考虑到未来可能出现的各种不同状况和不同因素对人口增长变化产生的不同影响，这样就可以在人口调控疏导和城市规划中降低风险，有的放矢，提高效率。

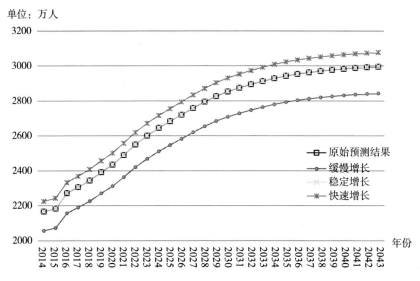

图 7－15　不同情景下人口预测结果对比

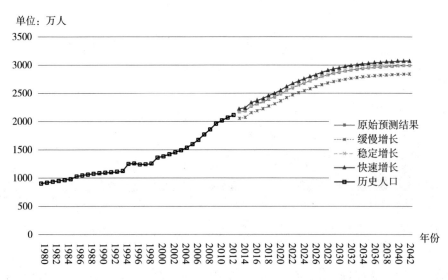

图 7－16　历史人口数量及不同情景下人口预测结果对比

北京市作为国家首都，是全国的政治、文化、教育和对外交往中心，集中了中央部委、党政机关等大量政府机构；同时，北京市还是各类大中型企业的总部所在地，经济发达，交通便利，这种多元化的功能定位对政治、经济、文化等各方面的人才产生了巨大的吸引力，尤其是在全国城镇进程不断加快的背景下，人口流动性大大增强，人口向首都聚集难以避免。因此，在中长期内，北京市人口数量必然会持续增加，最终达到某一峰值，然后人口增长会趋于平稳或者人口数量开始下降。由此可见，以上对于北京市未来人口增长变化的预测是合理的。

7.5　本章小结

本章利用 DE - RBF 模型和 REP - Tree 技术，将前几章通过复合知识挖掘技术挖掘出的对北京市人口有重要影响的数据因素和文本因素结合起来，建立了一种既包含数量化影响因素也包含文本类影响因素的基于复合知识挖掘的DRRT（DE - RBF + REP - Tree）人口预测模型，并通过实证分析验证了文本类知识性影响因素对人口增长变化的重要影响，同时也证明了复合知识挖掘方法在人口预测中的可行性和有效性；最后，本文运用情景分析法，设置人口缓慢增长、稳定增长和快速增长三种情景，结合文本挖掘结果以及 REP - Tree 决策树获得的 IF - Then 规则，对北京市中长期（30 年）人口数量变化进行动态预测分析，结果显示，在经济发展迅速，人口政策宽松，首都功能扩张，社会环境不断改善和城镇化进程加快的情况下，北京市人口最快在 2030 年前后达到 3000 万人；若采用严格的人口政策和合理的人口疏导策略，不断缩减首都功能，将会大大减缓人口增长速度，在 2040 年前后人口可达到 2800 多万。

本章的研究表明，在人口增长受到多因素影响导致数据波动较大时，在预测中引入文本因素，预测效果会有不同程度的提高，从而证实了复合知识挖掘的必要性和有效性。

第 8 章　基于 REPTree – Logistic
模型的北京市人口预测

　　Logistic 模型是由荷兰生物学家 Pierre François Verhulst 于 19 世纪中期在指数模型的基础上改进而来的。指数模型是由英国人口学家和政治经济学家 Thomas Robert Malthus 在 1789 年发表的代表作《人口论》中首次提出的，这种模型指出在没有任何限制的情况下人口会呈现出指数式增长的特性。这是一种理想的人口增长状态，在短期人口相对较少、资源相对充足时，人口有可能会出现类似于指数增长的特性。但在现实生活中，人口数量会受到诸如政治、经济、资源和政策等因素的影响和制约，在长期内并不会呈现出指数增长的趋势。而 Logistic 模型则综合考虑了上述因素对人口增长的影响，以及人口规模、人口增长率和环境承载力之间的关系，指出长期人口增长会呈现出 Logistic 曲线（S 形曲线）的特性，即在前期人口数量少、各种资源充足的情况下，人口增长会比较快；在人口增长到一定规模后，会受到包括政治、经济和资源等各方面因素的制约，人口增长开始放缓；到达某一峰值后，人口数量会停止增长，或者开始下降[127]。此后，Logistic 模型又得到了不断的改进[128]。

　　Logistic 模型很好地描述了人口增长的客观规律，大大降低了人口预测的难度，成为人口预测领域最受欢迎的模型之一[129]。但在实际应用中，Logistic 模型也存在两个内在缺陷：它只能描述长期人口总体增长变化趋势，但对具体某个时间的人口数量预测精度不高，而且不同因素对人口增长的影响无法体现。同时，北京市人口流动受到包括政策制度等在内的多种因素的影响，导致人口增长数据波动性很大，分布规律性不强，呈现高噪声的特征，将这种数据代入 Logistic 预测模型中，预测效果必然不会理想。

　　针对上述问题，本章将文本挖掘技术与 Logistic 模型结合起来，提出了 REPTree – Logistic 人口预测模型，并利用这种模型对北京市人口增长情况进行预测。文章首先根据北京市历史人口数量数据，分别建立原始 Logistic 模型和改进的 4 参数 Logistic 模型，并通过对比测试，选出拟合预测效果最好的模型（4 参数 Logistic 模型）；然后根据第 5 章影响北京市人口增长因素的文本挖掘结果，利用 REP – Tree 技术，将 Logistic 模型预测的偏差率与文本因素结合起来，建立 REPTree – Logistic 人口预测模型。这种模型充分弥补了 Logistic 模型的内在缺陷，不仅可以预测出未来人口的总体走势，又可以实现对某个具体时间人口变动情况的准确预测，同时还考虑到各种文本因素对人口增长的重要影响，在客观环境因素发生变化时，依然可以准确地预测人口。

8.1　Logistic 人口增长模型

最原始的 Logistic 人口增长模型是由荷兰生物学家 Pierre François Verhulst 首先提出的，其表达公式为：

$$N(t) = \frac{K}{1 + C \times e^{-rt}} \tag{8-1}$$

其中，$N(t)$ 表示 t 时刻的人口数量，K 表示环境对人口的最大承载力，C 是与初始状态 $C(0)$ 和人口承载力有关的一个参数，r 表示人口的内在增长率。

但是这种模型在实际预测中稳定性比较差，波动较大，模型的拟合效果较差。因此，又有很多专家学者在原始的 Logistic 模型基础上提出了很多改进模型，其中最为著名、应用最广泛的是 4 参数的 Logistic 模型，它是在原始的 Logistic 模型基础上引入一个与初始人口数量有关的变量 D，其表达式为：

$$N(t) = \frac{K - D}{1 + C \times e^{-r(t-1980)}} + D \tag{8-2}$$

8.2　Logistic 人口预测模型的建立及实证分析

8.2.1　原始 Logistic 人口增长模型的建立

我们以 1980 年为初始年份，原始 Logistic 人口增长模型公式可以改为：

$$N(t) = \frac{K}{1 + C \times e^{-r(t-1980)}} \tag{8-3}$$

利用 SPSS 软件的非线性回归分析技术，根据公式（3-1），求出各参数值。在考虑到众多专家学者的研究成果及各参数的实际意义的基础上，设定参数取值范围：$2000 < K < 3000$、$1 < C < 100$、$0 < r < 1$，初始值：$K = 2300$、$C = 5$、$r = 0.03$，以1980—2013年北京市历史人口数量数据为输入数据，得出结果如下：

表 8-1 原始 Logistic 模型参数估计值

参数	估算	标准错误	95% 置信区间	
			下限值	上限
K	3000.000	913.754	1136.386	4863.614
C	2.847	1.035	0.736	4.957
r	0.049	0.013	0.022	0.075

* 其中 $R^2 = 0.922$

从上表可以得到：$K = 3000$，$C = 2.847$，$r = 0.049$，所建立的 Logistic 模型为：

$$N(t) = \frac{3000}{1 + 2.847 \times e^{-0.049(t-1980)}} \qquad (8-4)$$

根据公式（8-4），利用 Matlab 软件，得到拟合预测结果：

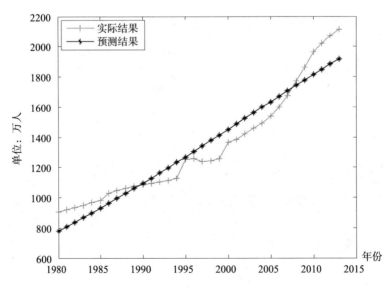

图 8-1 原始 Logistic 模型拟合结果

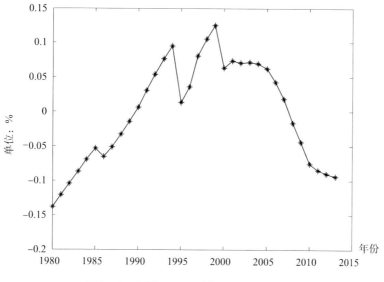

图 8 – 2 原始 Logistic 模型拟合预测误差

8.2.2 改进 Logistic 模型

我们以 1980 年为初始年份，改进的 4 参数 Logistic 人口增长模型公式可以为：

$$N(t) = \frac{K - D}{1 + C \times e^{-r(t-1980)}} + D \qquad (8-5)$$

利用 SPSS 软件的非线性回归分析技术，根据公式（3 – 1），求各参数取值。其中，设定参数取值范围：$2000 < K < 3000$、$1 < C < 100$、$0 < r < 1$，初始值：$K = 2300$、$C = 5$、$r = 0.03$、$D = 500$，以 1980—2013 年北京市历史人口数量数据为输入数据，得出结果如下：

表 8 – 2 改进 4 参数 Logistic 模型参数估计值

参数	估算	标准错误	95% 置信区间	
			下限值	上限
K	3000.000	465.244	2049.845	3950.155
C	52.141	12.949	25.696	78.585
r	0.129	0.020	0.088	0.169
D	921.624	31.307	857.687	985.560

* 其中 $R^2 = 0.991$

从上表可以得到：$K = 3000$，$C = 52.141$，$r = 0.129$，$D = 921.624$，所建立的 Logistic 模型为：

$$N(t) = \frac{3000 - 921.624}{1 + 52.141 \times e^{-0.129(t-1980)}} + 921.624 \qquad (8-6)$$

根据公式（8-6），利用 Matlab 软件，得到拟合预测结果：

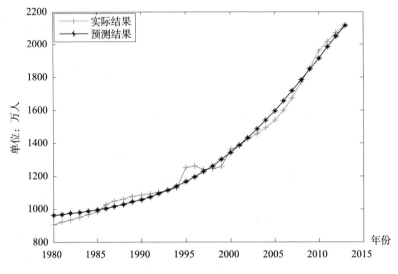

图 8-3　改进 4 参数 Logistic 模型拟合结果

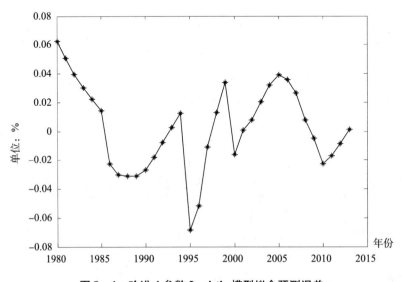

图 8-4　改进 4 参数 Logistic 模型拟合预测误差

8.2.3　实证对比分析

两模型拟合结果对比如下：

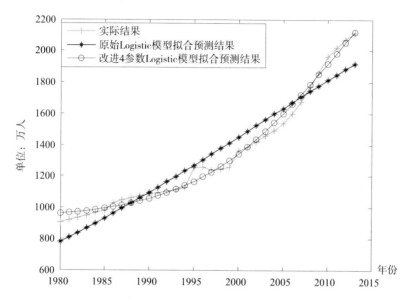

图 8－5　原始及改进的 4 参数 Logistic 模型拟合预测结果

两种模型拟合误差如下：

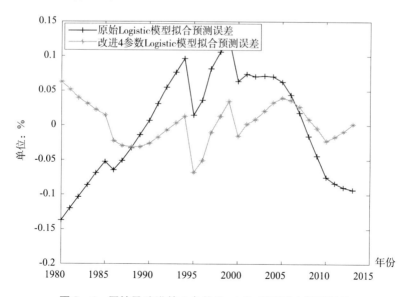

图 8－6　原始及改进的 4 参数 Logistic 模型拟合预测误差

从以上结果可以看出，改进的 4 参数 Logistic 模型拟合结果更接近原始数据，误差更小，更稳定，效果更好。所以，本文将使用改进的 4 参数 Logistic 模型进行后面的分析研究。

8.3　基于改进 4 参数 Logistic 模型的北京市人口预测

利用改进的 4 参数 Logistic 模型对北京市未来 30 年人口进行预测，结果如下：

表 8 - 3　未来 30 年人口预测结果

年　　份	2014	2015	2016	2017	2018	2019
预测结果（万人）	2181.9	2244.9	2305.8	2364.1	2419.6	2472.0
年　　份	2020	2021	2022	2023	2024	2025
预测结果（万人）	2521.1	2567.0	2609.6	2648.9	2684.9	2717.9
年　　份	2026	2027	2028	2029	2030	2031
预测结果（万人）	2747.9	2775.1	2799.7	2821.8	2841.8	2859.6
年　　份	2032	2033	2034	2035	2036	2037
预测结果（万人）	2875.6	2889.9	2902.6	2913.9	2923.9	2932.8
年　　份	2038	2039	2040	2041	2042	2043
预测结果（万人）	2940.7	2947.7	2953.9	2959.4	2964.2	2968.5

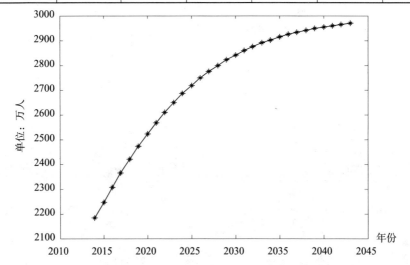

图 8 - 7　改进 4 参数 Logistic 模型对北京市未来 30 年人口预测结果及历史人口数量变化

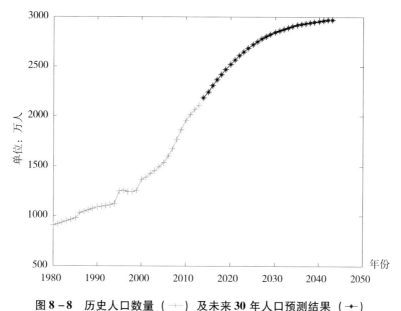

图 8 – 8　历史人口数量（ ── ）及未来 30 年人口预测结果（ ─*─ ）

从以上结果可以看出，未来 30 年北京市人口将继续保持增长的势头，但增速不断减缓，在 2043 年左右（30 年以后）接近 3000 万人。

8. 4　基于 REPTree – Logistic 模型的北京市人口预测

8. 4. 1　REPTree – Logistic 模型的建立

第 6 章我们利用文本挖掘技术挖掘出了对北京市人口增长变化有重大影响的 5 个文本因素：全国城镇化进程、首都功能、经济发展水平、社会环境和人口政策。本节将通过把上一节利用 4 参数 Logistic 模型获得的历年预测偏差率［定义"预测偏差率 =（实际值 – 预测值）/预测值 = 实际值/预测值 – 1"］和对应的历年文本因素赋值及编码代入 Weka 软件中，利用 REP – Tree 技术，生成 IF – Then 规则调整预测偏差率，从而将影响人口增长的文本类因素和 4 参数 Logistic 人口预测模型结合起来，建立基于复合知识挖掘的 REPTree – Logistic 人口预测模型，并通过观察预测精度是否会有所提高来验证这种模型的有效性。

利用 REP – Tree 技术和 Logistic 预测模型建立基于复合知识挖掘的人口增长趋势预测模型的过程如下:

(1) 以 1981—2013 年 33 年作为输入数据,代入建立的 4 参数 Logistic 模型,获得历年 (1981—2013 年) 人口数量拟合预测结果,根据预测结果计算出相应的预测偏差率 [预测偏差率 = (实际值 – 预测值) /预测值 = 实际值/预测值 – 1];

(2) 根据第 6 章表 6 – 2、表 6 – 3、表 6 – 4 各文本因素赋值、编码和初始事务数据库,获得 1980—2012 年间各文本因素 (全国城镇化进程、首都功能、经济发展水平、自然环境、社会环境和人口政策) 历年赋值及编码结果 (考虑到文本因素对人口数量影响的延迟效应,本文设定延迟时间为 1 年,即利用前一年的文本因素状况预测下一年的人口数量);

(3) 然后将第 (1) 步获得的预测偏差率和第 (2) 步各文本因素赋值及编码结果全部输入 Weka 软件,利用 REP – Tree 分类器做 IF – Then 规则分析,得到相应的预测偏差调整率 (即对预测结果的调整率);

(4) 利用得到的预测偏差调整率对 Logistic 模型的预测结果进行调整,即在原来人口数量预测结果的基础上增加或减少相应的百分比。

根据以上分析,利用 Weka 软件得出的决策结果 (IF – Then 规则) 如下所示:

```
REPTree
= = = = = = = = = = = =
rkzc = x_83
|  jjfz = x_52: - 3. 31 (3/1.39) [0/0]
|  jjfz = x_51: - 1. 47 (3/7.33) [0/0]
|  jjfz = x_53
|  |  sdgn = x_41: - 1. 78 (2/0.14) [0/0]
|  |  sdgn = x_42: - 3.6 (2/0.02) [0/0]
rkzc = x_82
|  shhj = x_71
|  |  jjfz = x_52: 1. 24 (3/2.15) [0/0]
|  |  jjfz = x_51: 2. 56 (3/0.28) [0/0]
|  |  jjfz = x_53: 3. 12 (3/12.3) [0/0]
|  shhj = x_73: 5. 44 (1/0) [0/0]
|  shhj = x_72: 0. 39 (2/0.25) [0/0]
```

rkzc = x_81

| shhj = x_71：-0.45（0/0）[0/0]

| shhj = x_73：-1.15（3/3.2）[0/0]

| shhj = x_72：0.26（3/1.05）[0/0]

rkzc = x_84

| jjfz = x_52：1.52（3/0.57）[0/0]

| jjfz = x_51：0.24（0/0）[0/0]

| jjfz = x_53：-1.69（2/0.82）[0/0]

Size of thetree：22

图 8 – 9　利用 REP – Tree 分类器进行 IF – Then 规则分析结果

由上图可以总结出 IF – Then 规则及预测偏差调整率如下：

如果 rkzc = x_83（人口政策 "一般宽松"），jjfz = x_52（经济发展水平 "较高水平"），则预测偏差调整率为 -3.31%，即预测结果下调 3.31%；

如果 rkzc = x_83（人口政策 "一般宽松"），jjfz = x_51（经济发展水平 "正常水平"），则预测偏差调整率为 -1.47%，即预测结果下调 1.47%；

如果 rkzc = x_83（人口政策 "一般宽松"），jjfz = x_53（经济发展水平 "非常高水平"），sdgn = x_41（首都功能 "功能缩减"），则预测偏差调整率 = -1.78%，即预测结果下调 1.78%；

如果 rkzc = x_83（人口政策 "一般宽松"），jjfz = x_53（经济发展水平 "非常高水平"），sdgn = x_42（首都功能 "功能扩张"），则预测偏差调整率 = -3.6%，即预测结果下调 3.6%；

如果 rkzc = x_82（人口政策 "一般严格"），shhj = x_71（社会环境 "缓慢改善"），jjfz = x_52（经济发展水平 "较高水平"），则预测偏差调整率 = 1.24%，即预测结果上调 1.24%；

如果 rkzc = x_82（人口政策 "一般严格"），shhj = x_71（社会环境 "缓慢改善"），jjfz = x_51（经济发展水平 "正常水平"），则预测偏差调整率 = 2.56%，即预测结果上调 2.56%；

如果 rkzc = x_82（人口政策 "一般严格"），shhj = x_71（社会环境 "缓慢改善"），jjfz = x_53（经济发展水平 "非常高水平"），则预测偏差调整率 = 3.12%，即预测结果上调 3.12%；

如果 rkzc = x_82（人口政策 "一般严格"），shhj = x_73（社会环境 "快速改善"），则预测偏差调整率 = 5.44%，即预测结果上调 5.44%；

如果 rkzc = x_82（人口政策"一般严格"），shhj = x_72（社会环境"较快改善"），则预测偏差调整率 = 0.39%，即预测结果上调 0.39%；

如果 rkzc = x_81（人口政策"严厉管控"），shhj = x_71（社会环境"缓慢改善"），则预测偏差调整率 = -0.45%，即预测结果下调 0.45%；

如果 rkzc = x_81（人口政策"严厉管控"），shhj = x_73（社会环境"快速改善"），则预测偏差调整率 = -1.15%，即预测结果下调 1.15%；

如果 rkzc = x_81（人口政策"严厉管控"），shhj = x_72（社会环境"较快改善"），则预测偏差调整率 = 0.26%，即预测结果下调 0.26%；

如果 rkzc = x_84（人口政策"明显宽松"），jjfz = x_52（经济发展"较高水平"），则预测偏差调整率 = 1.52%，即预测结果上调 1.52%；

如果 rkzc = x_84（人口政策"明显宽松"），jjfz = x_51（经济发展"正常水平"），则预测偏差调整率 = 0.24%，即预测结果上调 0.24%；

如果 rkzc = x_84（人口政策"明显宽松"），jjfz = x_53（经济发展"非常高水平"），则预测偏差调整率 = -1.69%，即预测结果下调 1.69%。

8.4.2 实证分析

利用上面得到的预测偏差调整率，根据调整公式：原预测结果 × （1 + 预测偏差调整率），对 4 参数 Logistic 模型的预测结果进行调整，可得到调整后的预测结果。根据以上公式对利用 Logistic 预测模型获得的 1981—2013 年北京市人口数量的预测结果进行调整，结果如图 8 - 10、图 8 - 11 所示。

通过以上结果可以看出，在 4 参数 Logistic 模型预测结果的基础上加入文本因素调整后，预测值曲线和真实值曲线的拟合度极大提高，预测平均误差为 1.15%（1981—2013 年），相较 4 参数 Logistic 模型的预测平均误差 2.29%（1981—2013 年），预测误差明显降低，预测精度大大提高；同时，预测误差波动更小，预测结果更加稳定，效果更好。

由此可见，在 Logistic 预测模型中引入文本因素，预测精度会得到显著提高，预测效果会更好，从而证实了 REPTree - Logistic 模型在人口预测中的合理性和有效性。

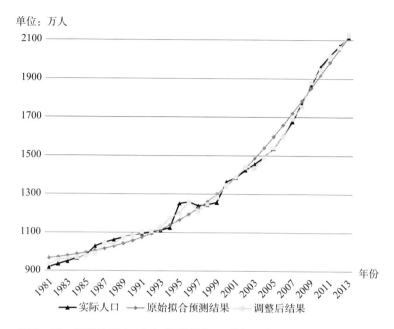

图 8 – 10　调整前后 Logistic 模型拟合预测结果对比（1981—2013 年）

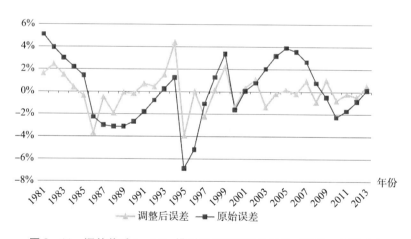

图 8 – 11　调整前后 Logistic 模型拟合预测误差对比（1981—2013 年）

8.4.3　基于 REPTree – Logistic 模型的北京市人口预测

从 REP – Tree 决策树获得的 IF – Then 规则可以看出，挖掘出来的文本因素的不同组合可以得到不同的预测偏差调整率，即会对人口增长变化产生不同的影响。其中，当人口政策表现为"一般宽松"、经发展水平处于"非常高水

平"、首都功能处于"功能扩张"状态时，人口增长最慢（预测偏差调整率 =
−3.6%，即在原始预测结果基础上预测结果下调3.6%），当人口政策表现为
"一般严格"、社会环境处于"快速改善"状态下，人口增长最快（预测偏差
调整率 =5.44%，即预测结果上调5.44%）。

据此，我们可以利用 REPTree – Logistic 模型得到在无重大突变事件情况下
北京市人口增长的大致区间（人口增长上限和下限）如下图：

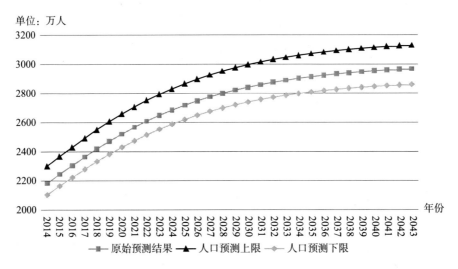

图 8 – 12　基于 REPTree – Logistic 模型的北京市人口增长区间

8.4.4　结果分析

从以上结果可以看出，无论各文本因素如何变化，北京市人口在未来30
年都将继续保持增长的势头，并且可以得到如下结论：

（1）北京市人口最快在2034年左右达到3000万人，最慢在2040年前后
人口可达到2800多万（参见图7 – 15、图7 – 16）。

（2）在 REPTree – Logistic 模型下，人口政策因素对人口数量增长影响最
大，社会环境和经济发展次之，其余因素影响相对较弱。这是由于在无外力干
扰情况下，即人口自由流动时，人口增长曲线将呈现"S"形趋势（即 Logistic
曲线），但由于我国具体国情和政策干扰了实际人口增长曲线，导致其波动较
大，Logistic 曲线不是很明显，因此，人口政策因素成为 REPTree – Logistic 模
型下影响人口增长变动的主要因素。

（3）利用复合知识挖掘技术对传统的 Logistic 模型进行优化，建立 REPTree－Logistic 人口预测模型，不仅可以预测出未来人口的总体走势，又可以实现对某个具体时间人口变动情况的准确预测，同时还考虑到各种文本因素对人口增长的重要影响，在客观环境因素发生变化时依然可以准确地预测人口。

8.5　两种基于复合知识挖掘的人口预测模型对比分析

本书主要运用了两种方法，对北京市未来中长期人口增长情况进行了预测：基于复合知识挖掘的神经网络预测模型和 REPTree－Logistic 模型。两种模型均利用了复合知识挖掘技术，通过 REP－Tree 技术将影响人口增长变化的数量化因素和文本类因素结合起来，建立了基于复合知识挖掘的人口预测模型。同时，两类模型的预测结果均显示：未来中长期内，北京市人口将继续保持增长的势头，并且在最快状况下于 2040 年前后人口将达到 3000 万人以上，最慢也将逼近或者突破 2800 万人（图 8－13）。

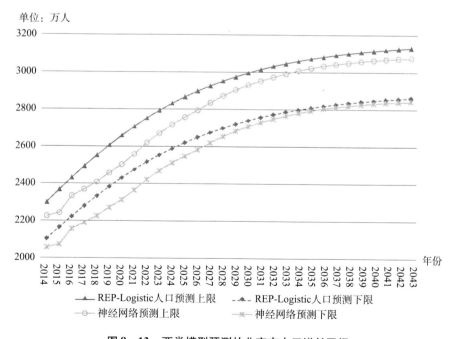

图 8－13　两类模型预测的北京市人口增长区间

但两类模型在预测中，也存在一些差别：

（1）人口增长上下限不同。

利用基于复合知识挖掘的神经网络预测模型对北京市未来 30 年人口进行预测时，人口增长上限和下限均比 REPTree – Logistic 模型更低（图 8 – 13），但人口增长曲线最终发展趋势不断接近。

（2）两类模型考虑的因素不同。

首先，从数量化因素方面来说，基于复合知识挖掘的神经网络预测模型同时考虑了历史人口数量、人口死亡率（出生率影响较小，予以忽略）两个指标，而 REPTree – Logistic 模型由于 Logistic 模型本身所限，只能考虑历史人口数量一个指标；其次，从文本因素角度来说，基于复合知识挖掘的神经网络预测模型考虑了 5 个文本类因素（经济发展水平、人口政策、社会环境、首都功能和全国城镇化进程），而 REPTree – Logistic 模型只受到经济发展水平、人口政策、社会环境和首都功能 4 个因素的影响。

（3）文本因素对两类模型的影响程度和方式不一样。

在基于复合知识挖掘的神经网络预测模型中，人口增长受经济发展影响最大，并且当这 5 个文本因素向着有利于人口增长的方向改变时，模型预测结果会变大，预测人口增长速度会加快，反之亦然；但在 REPTree – Logistic 模型中，人口增长受人口政策影响较大，同时，从 REP – Tree 获得的 IF – Then 规则可以看出，当人口政策等文本因素向着有利于人口增长的方向改变时，模型预测结果会偏小，预测人口增长速度反而趋向会放缓。

事实上，基于复合知识挖掘的神经网络预测模型的基础模型是神经网络模型，是一种智能化的预测模型，这种模型在拟合和预测中均是非线性的，没有一定的规律，会根据人口增长变化自动进行调整逼近，即这种模型具有自我学习和调节能力；而 REPTree – Logistic 模型的基础模型是 Logistic 模型，它作为一种传统的基于统计原理的非智能化的模型，是根据人口发展的总体规律来预测的，模型的预测曲线是平滑的。有一定的规律的，在对人口整体发展趋势的预测中效果会很好，但不具备自我学习和调节功能。因此，在实际预测中，神经网络预测模型会不断地自我调节以趋近实际人口增长曲线，即神经网络模型对人口增长变化的反应是敏感的，因此，在基于这种模型建立的基于复合知识挖掘的神经网络预测模型中输入文本因素，文本因素的影响也会是正相关的，即文本因素向着有利于人口增长的方向改变时，模型预测结果会变大，预测人口增长速度会加快，例如，经济发展水平变高，调整率会变大，模型预测结果也会变大。而在 Logistic 模型下，由于模型没有自我调节能力，预测结果会出现迟滞效应：当人口政策宽松时，说明北京市人口增长比较慢（否则人口政策会变严格），一旦宽松的政策起作用、人口增加速度变快时，人口政策又会变严格，以限制人口过快增长，即政策会有一种周期性的变化，而 Logistic 模型并不能很快感受到这种变化，这种迟滞效应就导致了在政策宽松、人口快速增加的时候，预测结果会变小，当政策严厉、人口缓慢增加的时候，预测结果反而偏大。因此，以这种模型为基础的 REPTree – Logistic 模型就会表现出"不合逻辑"的预测结果：文本因素向着有利于人口增长的方向改变时，模型预测结果会偏小，预测人口增长速度反而趋向会放缓。

因此，通过以上比较我们会发现，Logistic 人口预测模型及以此为基础的 REPTree – Logistic 模型在把握人口增长客观规律、描述人口增长总体趋势时有非常好的效果，但在感受人口增长的细微变化时，不如智能化的神经网络模型以及以此为基础建立的基于复合知识挖掘的神经网络模型。这两类模型各有优势，在实际人口预测中需要根据具体情况加以选择利用。

8.6　本章小结

本章首先分别建立了原始的 3 参数 Logistic 人口预测模型和改进的 4 参数 Logistic 模型，并通过对比测试发现，4 参数 Logistic 模型预测结果更接近实际结果，预测效果更好，并以 4 参数 Logistic 模型作为后续研究的基础模型；随后，将文本挖掘获得的 5 个文本因素与 Logistic 模型的预测偏差率结合起来，输入 Weka 软件，利用 REP – Tree 决策树技术获得相应的预测偏差调整率（IF – Then 规则），利用预测偏差调整率对 4 参数 Logistic 模型原始预测结果进行调整，从而建立基于复合知识挖掘的 REPTree – Logistic 人口预测模型。实证结果显示：在 4 参数 Logistic 模型预测结果的基础上加入文本因素调整后，预测值曲线和真实值曲线的拟合度极大提高，预测平均误差明显降低，预测精度显著提高；同时，预测误差波动更小，预测结果更加稳定，效果更好；在此基础上，利用建立的 REPTree – Logistic 人口预测模型对北京市未来 30 年人口增长情况进行动态预测；最后，文章对基于复合知识挖掘的神经网络预测模型和 REPTree – Logistic 模型的预测结果进行了对比分析，指出了两类模型在对北京市人口进行预测中的异同点，从而丰富了人口预测模型及相关理论。

第9章 北京市人口调控对策与建议

根据本书的研究结果，我们发现，除了传统预测方法中常用的人口出生率、死亡率等因素外，经济发展水平、首都功能、人口政策、社会环境和全国城镇化进程等因素也会对北京市人口增长产生非常重要的影响；并且，在未来中长期内，人口将继续保持增长的趋势，北京市人口调控面临巨大的挑战和诸多难题[130-133]。

9.1 北京市人口调控的挑战和难点

（1）短时间内人口规模快速增长、中长期内人口持续增长势头明显。

纽约、伦敦、东京等城市人口规模都经历过快速增长时期，3个城市人口规模的快速增长分别持续了50年、50年和20年，人口增量分别为502万、390万和513万，而北京在2000—2013年的14年间，人口增长了752万。短期内人口总量快速膨胀，发展中的一些矛盾更加显性化。相对来说，纽约、伦敦等城市人口虽然也经历了快速增长时期，但是其持续时间更长，人口增长所带来的一系列矛盾可以用较长时间来缓解。同时，依据我们的预测结果，在城镇化背景下，北京市在未来30年内人口将呈现持续增长态势。若不加以控制，估计将在2034年左右达到3000万人口，这会对北京的环境、能源、交通、基础设施建设等方面造成巨大压力。

（2）区域发展差距大，人口流动方向性明显。

与周边地区相比，北京市的经济发展非常迅速，公共服务资源非常丰富，加上首都本身兼具的多种功能，导致了北京市与周边地区及全国其他地区之间存在明显的发展差距，这种差距产生了强大的"虹吸"效应，对周边地区乃至全国范围内的人口产生巨大的吸引力，形成了目前的外地人口大量涌入北京的单方面流动的局面，这种人口的单向流动严重影响了人口社会循环系统的正常运转。如果这种局面不能有效改善，未来将会有更多的人口流向北京，北京市人口增长的趋势不会改变。

（3）人口调控方式单一。

北京市在人口调控方面主要以行政管理手段为主，"以证管人、以房管人、以业管人"，调控方式非常单一，而且长期以来，在北京市流动人口管理有关部门之间的协作也缺乏硬性机制，公安局、人力社保局、住建委、计生委、工青妇等有关部门协作不足，呈现出各不同主责部门单打独斗、辅助部门完成有关任务的短期化、运动式服务管理的特点。而人口服务和管理工作作为一项非常复杂的系统工程，涉及经济、社会、城市功能、政策等方方面面的努力，需要多部门的共同合作；同时，单靠北京市自身的努力还不能实现最有效的人口调控，人口调控需要中央政府与北京市政府的共同努力。

9.2　北京市人口调控对策与建议

本文使用文本挖掘技术挖掘出了对北京市人口增长变化有重要影响的 5 个文本因素（经济发展水平、首都功能、人口政策、社会环境和全国城镇化进程），本节将结合并参考国内相关领域众多专家学者的研究成果，重点从这 5 个方面及北京市和中央政府两个层面对北京市人口调控对策提出建议，以期为有效调控北京市人口规模及实现科学的城市规划建设与管理提供有益的参考[134-146]。

9.2.1　经济领域调控对策与建议

（1）北京市政府需要优化产业结构，减少劳动密集型产业。

北京市制造业、批发零售业、运输业从业人员的比例占北京市劳动力的 19%，将近 182 万人，运输业从业人员有 64 万人，这些行业吸引了大量的流动人口，属于人口密集型产业。而北京市流动人口大部分来自于河南、河北，将部分制造业、批发零售业迁移到河北，可以让流动人口回到家乡从业。若是再迁移 50% 的人口，就可缓解 91 万流动人口的压力。而在河北省建立华北地区物流基地，将北京市物流市场迁至物流基地，若是再迁移 50% 的从业人员，又可以缓解32万流动人口的压力。以产业的调整带动人口规模的合理调控，既有利于北京市人口的控制，又促使人口在最适宜的地方就业。

推动北京产业结构优化，首先要限制低端工业发展。应该限制投资的增长，特别是低端工业进入辖区。取消对下辖区县的GDP考核指标。鼓励相关区县和环北京经济圈周边城市合作建立产业园区。制定产业发展的空间规划，规划中要提出工业企业进入近远郊区县的限制条件，鼓励辖区内区县以及建制镇服务业的发展。针对北京市庞大的消费人群，可制定下辖区县的服务业发展规划，如会议经济、老龄经济、教育经济和医疗服务以及农家乐等。

其次，聚集高端产业，优化第三产业内部结构。加快服务业的调整升级，重点发展对经济增长贡献较大同时对外来就业人口需求较低的行业，如金融保险、信息服务、科技服务、综合技术服务、商务服务等生产性服务业。重点扶持现代服务业，制定并细化生活服务业各行业的准入标准，依托信息化和规模化经营，提高劳动生产效率，降低第三产业发展对劳动力的吸纳。

（2）中央政府要合理调配经济资源，平衡地区间经济发展，降低经济发展落差。

目前，国内地区间经济发展差异非常明显，而经济因素又是导致人口流动的主要原因，因此，地区间经济发展落差如果得不到及时控制，甚至不断扩大，将会造成发达地区的资源过度集中，从而引起人口过度密集，地区负担加重，而对于欠发达的地区，由于人力、技术、资金等区域经济发展不可缺少的资源流向了发达地区，欠发达地区的经济发展无从保障，会导致长期增长缓慢甚至衰退。因此，中央政府应当重视区域经济发展差距问题，从全国角度出发，处理好效率与公平的问题，既保证宏观经济的快速稳定增长，又使区域经济能够协调共同发展。

首先，合理分配人力资本投资。对社会经济发展来说，最重要的资源就是人力资源。因此，对人力资本投资至关重要，它可以创造区域间趋同的条件，最终达到地区间平衡发展的预期效果。所以，国家应该合理分配人力资源的投资，首先应该把钱投在教育等促进人力资本积累的领域，对教育资源匮乏的地区应给予更多照顾。

其次，平衡地区间开放程度。开放程度的差异，也是造成地区间经济增长差异的一个重要原因。越是开放的经济，市场机制所发挥的作用也越明显，资源配置的效率也越高，经济发展也就会越好。针对目前国情，地区的开放程度在很大程度上是由国家层面出台的政策制度决定的，因此要实现地区间经济增长的趋同首先要做到政策的趋同，给予更多地区尤其是欠发达地区更多的优惠开放政策。

最后，政府应该通过制定法规政策规范市场秩序，从宏观上确定区域经济发展战略，规划整体发展方向，改善投资环境，推进体制创新，促进区域经济协调发展。

9.2.2　首都功能方面调控对策与建议

北京市凭借其独特的政治地位和经济社会发展条件，在未来的城镇化进程中仍将继续吸引人口的聚集。要缓解人口持续增长的趋势，必须合理疏解首都城市功能。

（1）科学合理的城市规划。

北京的城市功能定位涵盖了政治中心、文化中心、科教中心和国际交往中心。一些满足全国需要的功能，比如教育，医疗，养老等领域的优质资源在中心城区过于集中，众多的优势吸引着企业和人口的聚集。首都功能核心区常住人口密度为 2.38 万人/平方公里，而生态发展涵养区常住人口密度为 216 人/平方公里。城市人口分布不均衡，给中心城区的环境、交通带来了压力。

科学统筹规划城区建设时，应在保留首都核心功能区的基础上，通过科学规划不同圈层的产业布局和主体功能来实现引导人口合理流动的目标。在城市发展新区，如通州区建立行政功能区，将行政机构、事业单位迁移到行政功能区，将城市行政机构集中，统筹市政服务，提高服务效率；在房山区建立工业园区，鼓励企业向园区集中，在昌平区建立高科技园区，将知识密集型产业集中在高科技园区。逐步实现人口的有序集聚，减小中心城区人口的密度。

为了吸引中心城区人口到新城区，可以通过在新城区配置高标准优质资源，疏解中心城区教育、医疗资源，强化轨道交通的作用，减少居民出行成本，使新城区拥有充足的就业岗位、良好的交通条件、完善的公共资源设施，从而吸引中心城区的人口入住。若通州行政功能区吸引 20 万人，房山工业园区吸引 30 万人，昌平高科技园区吸引 40 万人，可使首都功能核心区常住人口密度减少至 1.95 万人/平方公里，而城市发展新区常住人口密度增加至 1117 人/平方公里。

（2）加快京津冀一体化建设。

随着京津冀协同发展战略进入实质性推进阶段，打造新的首都经济圈、促进环渤海经济区发展、促进人口经济资源环境协调发展上升到了国家战略层面。合理规划京津冀协同发展战略，疏导部分首都功能，可以大大减少北京市人口膨胀压力。在 2014 年"京津冀协同发展——机遇与路径"学术研讨会上，首都师范大学祝尔娟教授指出京津冀协同发展可以北京新机场为突破口，共建国家级临空经济区域合作示范区；依托天津滨海新区，共建中国投资和服务贸易的综合改革创新区。与会的河北大学张贵教授强调，可将劳动密集型产业链上游产业如动物园批发市场、大红门和新发地等市场搬迁。王晓海认为河北省要围绕北京依次形成生态圈、服务圈、研发高端制造圈和传统产业升级改造圈，可在河北中南部重点发展工业、制造业。对此，北京市可以先行确定一部分试点城市，通过帮助其建设基础设施，实现医院和学校等优质公共服务资源共建共享。同时，需要加强一些配套设施的建设，例如加强轨道交通建设，为促进北京市人口和产业向周边城市外移，可将延伸至郊区县的轨道交通建设进一步延伸到环北京经济圈的周边城镇。

（3）加快建设以特等城市为中心的都市发展圈。

都市圈的规划可以使属于不同省份的城市组成一个更广泛的经济单元，这似乎更有利于区域经济逐渐走向集聚，而刚被划入都市圈的城市则可以从这一划分中得到一定的经济利益，从而分享经济集聚和核心城市辐射效应。我国目前已经形成大都市圈的地区只有 3 个，分别是以北京、天津为中心的京津唐大都市圈（也称环渤海都市圈）、以上海为中心的长江三角洲大都市圈和以广州、深圳、香港为中心的珠江三角洲大都市圈。

随着中国人口的增多和城镇化进程的不断推进，以北京、上海和广州为代表的特大城市人口问题日益严重，打造新的都市经济圈，减少区域间经济发展落差，加强人口经济资源环境协调发展，已经上升到了国家战略层面。因此，根据结合区域自身条件，充分利用地区发展优势，借鉴国内外大都市圈发展的成果经验，建立区域调控和协调发展机制，势在必行。建立新的都市发展圈，不仅可以整合、提升传统经济模式规模效应和集聚效应，吸纳城镇化背景下产生的大量的流动人口，减少以北京、上海和广州为代表的特大城市的人口膨胀压力，还可以在全球金融危机导致的经济不景气的背景下，整体上促进国家经济发展，早日走出经济危机的阴影。

9.2.3　人口政策方面调控对策与建议

（1）优化北京市人口与户籍政策。

首先，严格按照人口居住年限设定落户条件，避免设置年龄、学历学位、技术职称等条件抬高落户门槛。其次，弱化落户人口户籍上附带的福利因素。户改要以促进人口长期有序流动为重要目标，应弱化落户人口户籍上的福利，实行"老人老办法、新人新办法"，新增办户口减少政策性住房等福利供给。再次，优先解决长期举家迁徙人口落户。要尽快制定有关政策，一次或分数次解决长期举家迁徙在北京务工经商的外来人落户；对于非举家迁徙的外来人口，要通过就业年限等条件的累积，逐步实现落户。最后，采取适当措施鼓励新增人口在远郊区县落户。

（2）在全国范围内合理放宽人口与户籍政策，促进人口多向自由流动。

现代社会人口的自由迁移，就是国民在自己国家内部的优化组合，是在现代社会状态下的优化组合。不同的科学技术与生产力或生产模式，会实现不同的优化组合模式。不同地区有不同的发展条件和资源优势，只有人口的自由流动才能实现国民在新的形势下的最佳分布，使不同地区的发展优势得到充分应用，带来区域间的平衡发展。华东师范大学人口研究所所长吴瑞君认为，严格控制特大城市人口并非是简单粗暴地限制人口流动，反而要以按照开放、公平、包容的精神推进特大城市户籍制度改革，做好顶层设计和相应配套政策，尤其是明确落户门槛，并以实有常住人口为依据提供公共服务。广东省社科院人口与社会科学研究所所长郑梓桢等专家指出，在特大城市户籍制度改革过程中，将居住证制度作为人口登记管理的基本制度，通过积分落户等措施促进人口良性流动，促进人口结构优化，并改善外来人口公共服务。

9.2.4　社会环境领域调控对策与建议

随着中国经济的加速发展，社会领域发展的不均衡已经成为制约中国进一步发展的"短板"，日益扩大的地区间社会公共服务差距已经成为中国面临的主要社会问题。因此，政府需要通过增加政府投入和制度创新来扭转基本公共服务发展程度严重失衡的局面，以改善民生，刺激消费，维护公平正义，促进经济社会的可持续增长。

首先，要提高供给能力。在推进基本公共服务均等化方面，政府充当着核心主体，承担着义不容辞的主要责任。对此，中央政府务必采取相关举措提升基本公共服务供给能力，既不损害经济社会发展水平好的地区的利益，又要增加对经济社会欠发展地区的投资，但从现状来看，这些措施在执行过程中存在着明显的偏颇，需要加以匡正。

其次，让经济社会发展惠及更广大的社会成员。推进基本公共服务均等化，不仅要重视提升政府基本公共服务供给能力，而且要重视提高社会公众享受基本公共服务的能力。公众能否真正享受基本公共服务，也取决于公众享受基本公共服务能力的高低。为了实现均等化，必须努力追求全体社会成员具备大致相当的享受基本公共服务的能力，特别是困难群体的享受能力，让更多的社会成员享受经济社会发展成果。

9.2.5 城镇化进程方面调控对策与建议

随着我国城镇化进程的快速推进，人口流动性大大增强，以北京为代表的中国特大城市凭借其高质量的经济发展水平和优质的社会环境，对人口流入产生了巨大的吸引力。因此，必须要提高城镇化建设的质量。

首先，协调好异地转移和就地城镇化的关系。改革开放 30 多年来，以大规模的异地转移为主的城镇化进程导致了 6000 万留守儿童和几千万的留守妇女、留守老人，这些家庭为此付出了沉重的代价。为此，今后需要重点推进以"产业转移和劳动力回流"为主要特征的"双转移"模式下的城镇化建设，借助"双转移"推力，推动"因地制宜""因人而异"的城镇化，即把有稳定就业、有稳定住房的人优先城镇化，让在大城市寻找不到幸福感的农民工向家乡附近的中小城市寻求发展，产业转移了就会有工作，又能就近和家人在一起。

其次，保护农民利益，充分落实以人为核心的新型城镇化建设。城镇化并不是简单的城市人口比例增加和规模扩张，而是强调在产业支撑、人居环境、社会保障、生活方式等方面实现由"乡"到"城"的转变，实现城乡统筹和可持续发展，最终实现"人的无差别发展"。尤其是就地城镇化，必须保障农民的合法权益，尤其是农民的土地收益权。

9.2.6 其他调控对策与建议

（1）价格手段调控。

合理利用价格手段调控人口生活成本。加快北京市政公用事业价格形成机制改革，尽快形成市政公用产品的价格形成机制，通过价格手段调控人口规模，缓解人口聚集效应，实现人口合理流动，但同时要注意制定相应的补贴政策，对低收入人口进行合理的补贴。

（2）提高资源、能源利用效率，突破人口的承载极限。

调整资源、能源利用结构，提高使用效率，是在人口仍将快速增长的背景下实现可持续发展并不断改善民生的重要途径，也是不断突破人口承载极限的关键。一要充分运用节能技术，扶持民用节能技术创新。大力支持和推广节水技术，不断降低新水取水量，进一步提高再生水的利用比例，严格用水管理，推进污水再生利用，显著提高用水效益；二要合理利用土地资源，在土地利用中应遵循生态先行、统筹兼顾和因地制宜三项原则，即在土地资源的优化配置中，在满足一定生态要求的基础上追求最佳的社会、经济效益，根据不同土地资源类型状况及水资源供给条件，确定水、土资源的最佳利用方法，得到更加客观合理的资源优化配置方案；三是通过发挥市场价格机制作用，提高公共服务定价弹性，研究对公共服务产品实行分区域分时段差异定价的可行性。通过完善公共服务定价机制和区域差异化管理，鼓励居民自觉节约，引导居民向外围疏解。

（3）强化市场调节功能。

要分清哪些是政府需要配置的，哪些是市场需要配置的，政府主要做好基本公共服务，保证基本公共服务的均等化，至于高端的、差异化的、特色的公共服务要交给市场来做，要相信市场对资源配置的决定性作用。大城市寸土寸金，地价高，成本高，产业转移升级和人口疏散是一个市场化的过程，政府要做的是搞好规划，集约、节约土地利用。理论研究和实践都表明，人口自由流动是消除贫困、缩小贫富差距、提高劳动生产率、繁荣经济的最有效途径。在"使市场在资源配置中起决定性作用"的大原则下，人作为最重要的生产要素，劳动力作为生产经营活动的首要资源，理应由市场来配置。在市场是最有效的资源配置方法早已深入人心的时代，在特殊年代制定的与和谐社会目标格格不入的二元户籍制度该退出历史舞台了。

9.3　本章小结

　　本章首先根据之前的研究结果，归纳总结了北京市人口调控方面所面临的三大难题：短时间内人口规模快速增长，中长期内人口持续增长势头明显；区域发展差距大，人口流动方向性明显；人口调控方式单一。在此基础上，从经济发展水平、首都功能、人口政策、社会环境和全国城镇化进程五个方面及北京市政府和中央政府两个层面上，对如何实现合理有效的人口调控策略提出了建议，希望对有关政策制定者提供有益的借鉴。

第 10 章　结论与展望

10.1　结论

　　本书首先对北京市人口增长的特点和影响因素进行了分析；其次，将基于统计学原理的传统预测模型与基于神经网络的创新型智能化预测模型进行了比较，并对我国人口预测模型应用中存在的问题进行了分析；再次，运用生物进化算法对神经网络人口预测模型进行优化，提高预测精度；之后，运用数据挖掘和文本挖掘技术，分别对影响北京市人口的数量化影响因素和文本类因素进行系统挖掘，并以此为基础构建基于复合知识挖掘的人口预测模型，对北京市中长期人口增长变化情况进行了动态预测；最后，结合预测结果，对北京市人口调控提出相应的建议。本书通过对上述问题的研究，得出以下相关结论：

　　（1）通过对基于统计原理的人口预测模型和基于神经网络的智能类预测模型进行比较，得出如下几点结论：第一，从拟合效果来看，智能化预测模型的拟合效果普遍好于统计类预测模型的拟合效果，但其间的差别并不是很大；从预测效果来看，智能化的 RBF 神经网络模型预测效果最好，BP 神经网络模型次之，而传统的 Logistic 模型预测效果最差。第二，从输入数据方面来看，智能类预测模型可以平行输入大量数据，而统计类的预测模型输入数据往往是固定的，比如，Logistic 模型只能输入历史人口数量数据，矩阵模型也主要以人口数量数据、出生率、死亡率等为输入数据，统计类预测模型在输入数据方面的局限是导致其预测精度低于智能类预测模型的原因之一。第三，从模型自我调节能力看，神经网络智能化预测模型具有自主学习和自我调节能力，可以根据不同情况进行自我调整，直到达到一个满意的效果为止；而传统的统计类预测模型的模型结构固定，模型的可塑性较差，无法进行自我调节。

（2）尽管神经网络模型优于传统统计类预测模型，但神经网络模型在人口预测方面也存在一些不足，比如模型收敛速度慢、容易陷入局部最优、预测精度仍有待提高等。用 BP 神经网络模型和 RBF 神经网络模型对北京市人口进行预测，从预测结果可以看出：RBF 神经网络模型的预测效果要明显优于 BP 神经网络模型，但两者的预测精度都有提高的空间。为了克服神经网络模型在预测中的局限和问题，可以用遗传算法、粒子群算法和微分进化算法等生物进化算法对其进行优化。本文用以上三种算法对 RBF 神经网络进行优化，并对优化后的模型及未经优化的模型进行实证分析，结果显示，经过优化后的神经网络模型的预测效果要明显好于未经优化的 RBF 神经网络模型，并且用微分进化算法优化过的 RBF 神经网络模型（DE－RBF 模型）的预测效果最好。

（3）运用数据挖掘技术，对影响北京市人口增长的数量化因素进行挖掘。常用的影响人口增长的数量化因素主要有历史人口数量、人口出生率和死亡率。为了进一步明确以上三个因素及其不同组合对北京市人口增长的影响程度，以及代入人口预测模型实现更准确有效的人口预测，本文运用了相关分析、格兰杰因果检验和预测分析三种方法对这些指标及其组合进行了数据挖掘。数据挖掘结果显示：在进行相关性分析时，死亡率与人口数量增长相关性最强；在进行格兰杰因果检验时，出生率成为人口增长的格兰杰原因；在进行预测分析时，"历史人口数量＋死亡率"指标组合的预测效果最好。通过以上研究我们还发现，使用不同的数据挖掘方法，结果也不尽相同，每种方法都有它的优势和不足。因此，在实际应用中，需要利用多种挖掘方法，并将不同方法下的挖掘结果进行对比分析，才能选出最优的结果。

（4）运用文本挖掘技术对影响北京市人口增长的文本类因素进行挖掘。北京市人口数量变动曲线具有很强的非线性，受到人口生育率、死亡率、经济发展水平、首都功能、人口政策等多种因素的影响。这些因素中既有数量化影响因素，也有非数量化的文本类知识因素。因此，在对北京市人口进行预测时，要同时考虑到这两种影响因素，才能从根本上保证预测的精准度。如果在预测中只考虑数量化影响因素，忽略首都功能、人口政策等非数量化文本类知识因素，预测的结果肯定不会准确。因此，我们运用 FP－TREE 关联规则算法对影响北京市人口增长的文本类因素进行挖掘，结果表明，全国城镇化进程、首都功能、经济发展水平、社会环境和人口政策五个文本类影响因素对北京人口增长具有显著影响。

（5）如何将文本类影响因素进行合理预处理并代入预测模型，是预测研究领域中面临的一个难题。文本采用了以下三种方法进行了尝试和创新。第一种方法，建立一个 FP – Tree + RBF 的混合预测模型。用 FP – Tree 关联规则算法对影响北京市人口增长的文本因素进行挖掘分析，然后将挖掘出来的文本因素量化，把量化结果作为输入值代入 RBF 神经网络模型中进行人口预测。第二种方法，建立 REP – Tree + DE – RBF 预测模型。该模型首先利用微分进化算法对 RBF 神经网络进行优化，增加 RBF 神经网络全局寻优能力，提高预测精度；在此基础上，将数量化指标的训练预测偏差和文本指标同时代入 REP – Tree 决策树做 IF – Then 规则分析，获得预测偏差调整率，最后根据调整率调整数据挖掘下的预测结果。第三种方法，建立一个 REPTree – Logistic 人口预测模型。首先根据北京市历史人口数量数据，建立改进的 4 参数 Logistic 模型，并获得相应的预测偏差率；然后将预测偏差率和文本因素指标同时代入 REP – Tree 决策树技术做 IF – Then 规则分析，得到预测偏差调整率；在此基础上，利用获得的预测偏差调整率对 Logistic 模型的预测结果进行调整，从而建立 REPTree – Logistic 人口预测模型。研究结果表明：当城市人口增长受到多重因素影响（其中既有数量化影响因素，也有非数量化的文本类影响因素），基于数据挖掘的人口预测精度有所下降；但运用基于复合知识挖掘的预测方法，在预测模型中加入影响人口变化的文本因素之后，预测精度会在数据挖掘的基础上得到很大程度的提高。实证预测结果证实了复合知识挖掘技术在人口预测中的必要性和有效性。

（6）通过构建基于复合知识挖掘的北京市人口增长预测模型，实现了对北京市未来 30 年人口增长的预测。无论是 REPTree – DERBF 模型还是 REPTree – Logistic 模型，两种模型的预测结果均显示，在未来中长期内（至少 30 年以内），北京市人口将继续保持增长的势头，但增速会有所变化：在 2021 年之前，北京市人口增长速度总体在波动中会有小幅增加，最高达到 2.5%，平均增速接近 2%；在 2021 年之后，人口增长速度总体会不断放缓，平均增速小于 1%。同时，如果北京市不能对人口增长进行有效的控制，北京市与其他地区经济、社会发展差距增大，首都功能继续扩张，人口政策相对宽松，城镇化进程的继续加快导致人口持续向以北京市为代表的特大城市流动，北京市人口在 30 年以后（即 2034 年左右）将达到 3000 万人；如果采用有效的人口调控方法，使北京市与其他地区经济、社会发展差距不断减小，首都功能继续减少，将城镇化进程放缓或者采用就地解决的方式来减少人口流动性，北京市的人口增长速度将会明显放缓，预计 2040 年前后，人口可能会达到 2800 万。不管采用怎样的人口调控对策，北京市人口增长的趋势不会改变，未来的人口规模都会对城市的发展产生巨大的压力。因此，如何合理调控北京市人口增长速度，使之与北京市的环境、能源、基础设施建设等保持平衡，是北京市需要重点关注和亟待解决的问题。

（7）从经济发展水平、首都功能、人口政策、社会环境和全国城镇化进程五个方面，针对北京市政府和中央政府两个层面，对北京市人口调控的对策提出了建议。其中，在经济领域，北京市政府需要优化产业结构，减少劳动密集型产业，中央政府需要合理调配经济资源，平衡地区间经济发展，降低经济发展落差；在首都功能的疏解方面，北京市需要科学合理进行城市规划建设，同时，中央政府要加快京津冀一体化及以特大城市为中心的都市生活圈建设；在人口政策方面，在优化北京市人口与户籍政策的同时，要在全国范围内合理放宽人口与户籍政策，促进人口多向自由流动；在社会环境发展方面，需要增强社会公共服务均等性，提高供给能力，让经济社会发展的成果惠及更广大的社会成员；在推进全国城镇化进程方面，需要协调好异地转移和就地城镇化的关系，有效落实就地解决政策，减少不必要的人口流动，并充分保障农民利益；此外，还可以通过合理利用价格手段调控人口生活成本，提高资源、能源利用效率以突破人口的承载极限，强化市场调节功能等方式实现对北京市人口规模的有效调控。

10.2　研究不足与展望

由于运用复合知识挖掘的方法将非数量化的文本因素引入人口预测之中是本文的创新点之一，鲜有文献和方法可以借鉴，因此，在对这种文本指标的选取、分类等方面都是一种创新式的尝试，必然存在不够全面、不够精确的地方。例如，对经济发展水平的分级处理（分成三级：非常高水平、较高水平和正常水平）有一定的规则，但也是一种比较粗略的分级，这样处理未必就是最好的结果，而不同的处理结果会对最终的预测结果产生不同的影响，如何寻找到一种更为精确、科学合理的处理方式有待进一步研究；同时，突发事件

（如战争、疾病等）对人口变动有较大的影响，却很难分级和量化，即使做了分级和量化，也不一定精确。因此，如何全面地挖掘出对人口增长变动有重要影响的文本因素，并对文本因素进行更为合理和准确的分解、归类和量化，还需要做进一步的研究。

　　在今后的后续研究中，会在文本数据的处理方面做进一步、多方面的尝试和努力，力图寻找出一套更加系统、更加完善的文本因素处理技术和方法。

参考文献

［1］陈凯荣. 加速城市化过程中的政府作用研究［D］. 中国社会科学院研究生院，2013.

［2］李远方. 医治"城市病"北京严控人口增速［N］. 中国商报，2014 – 01 – 21（02）.

［3］汤一原，徐飞鹏. 中共北京市委十一届三次全会召开［N］. 北京日报，2013 – 12 – 24（001）.

［4］罗源源. 治"城市病"需京津冀联动［N］. 首都建设报，2014 – 05 – 12（001）.

［5］BrunoChiarini. Was Malthus right? The relationship between population and real wages in Italian history：1320 to 1870［J］. Explorations in Economic HistoryVolume 47, Issue 4, 2010, 10：460 – 475.

［6］王周喜，胡斌，王洪萍. 人口预测模型的非线性动力学研究［J］. 数量经济技术经济研究，2002，No. 8：22 – 25.

［7］龙承星，张波. 昆明市人口预测模型研究［J］. 云南民族大学学报（自然科学版），2011，7：258 – 261.

［8］赵沙，张福平. 西安市未来人口规模预测及人口发展对策研究［J］. 干旱区资源与环境，2012，No. 2：7 – 12.

［9］L. C. M. Miranda, C. A. S. Lima, On the logistic modeling and forecasting of evolutionary processes：Application to human population dynamics［J］. Technological Forecasting and Social Change Volume 77, Issue 5, 2010, 6：699 – 711.

［10］Cesare Marchetti, Perrin S. Meyer, Jesse H. Ausubel, Human population dynamics revisited with theogistic model：How much can be modeled and predicted?［J］. Technological Forecasting and Social Change Volume 52, Issue 1, 1996, 5：1 – 30.

［11］王学保，蔡果兰. Logistic 模型的参数估计及人口预测［J］. 北京工商大学学报（自然科学版），2009，No. 11：75 – 78.

［12］柳德江，殷凤玲，唐红燕，玉溪市未来人口预测三种模型的分析［J］. 中国人口资源与环境，2011，No. 3：17 – 19.

［13］朱艳伟，张永利. 中国人口增长预测模型及其改进［J］. 统计与决策，2010，No. 16：20 – 21.

［14］ Stanley K. Smith, TerrySincich, Evaluating the forecast accuracy and bias of alternative pop-ulation projections for states ［J］. International Journal of Forecasting, Volume 8, Issue 3, 1992, 11: 495 – 508.

［15］ C. Lopes, Péry, A. Chaumot, S. Charles, Ecotoxicology and population dynamics: Using DEBtox models in a Leslie modeling approach ［J］. Ecological Modelling, Volume 188, Is-sue 1, 2005, 10 (25): 30 – 40.

［16］ 任强, 侯大道. 人口预测的随机方法: 基于 Leslie 矩阵和 ARMA 模型 ［J］. 人口研究, 2011, No. 3: 28 – 42.

［17］ 冯守平. 中国人口发展预测模型的构建与应用 ［J］. 统计与决策, 2010, No. 15: 24 – 27.

［18］ Rob J. Hyndman, Heather Booth. Stochastic population forecasts using functional data models for mortality, fertility and migration ［J］. International Journal of Forecasting , 2008, 24: 323 – 342.

［19］ Juha M. Alho. The magnitude of error due to different vital processes in populationforecasts ［J］. International Journal of Forecasting , Volume 8, Issue 3, 1992, 11: 301 – 314.

［20］ Kusum W. Ketkar. A log – linear approach to disaggregated micro – level population forecasts ［J］. International Journal of Forecasting, Volume 6, Issue 2, 1990, 7: 241 – 251.

［21］ 高圣国. 具有人口年龄和性别结构的中国人口预测模型 ［J］. 统计与决策, 2011, No. 5: 26 – 27.

［22］ 李翔燕. 北京市人口预测模型比较研究 ［J］. 中国市场, 2011, No. 22: 138 – 139.

［23］ Wann – Yih Wu, Shuo – Pei Chen. A prediction method using the grey model GMC (1, n) combined with the grey relational analysis: a case study on Internet access population-forecast ［J］. Applied Mathematics and Computation, Volume 169, Issue 1, 2005, 10 (1): 198 – 217.

［24］ 王宇熹, 汪汛, 肖峻. 基于灰色 GM (1, 1) 模型的上海城镇养老保险人口分布预测 ［J］. 系统工程理论与实践, 2010, No. 30 (12): 2244 – 2253.

［25］ 胡琳. 基于灰色 PGM (1, N) 模型的人口发展预测 ［J］. 统计与决策, 2010, No. 6: 23 – 25.

［26］ 门可佩, 曾卫. 中国未来 50 年人口发展预测研究 ［J］. 数量经济技术经济研究, 2004, No. 3: 12 – 17.

［27］ 尹春华, 陈雷. 基于 BP 神经网络人口预测模型的研究与应用 ［J］. 人口学刊, 2005, No. 2: 16 – 18.

［28］ 胡喜生, 洪伟, 吴承祯. 基于 BP 神经网络的福州市人口预测模型, 杭州师范大学学报 (自然科学版), 2009, No. 1: 66 – 69.

［29］ 李阳. 基于 BP 神经网络的美国人口预测模型［J］. 科学技术与工程，2011，No. 11 （34）：8665 – 8667.

［30］ Lin – nan Yang, Lin Peng, Li – min Zhang, et al. A prediction model for population occurrence of paddy stem borer (Scirpophaga incertulas), based on BackPropagation Artificial Neural Network and Principal Components Analysis［J］. Computers and Electronics in Agriculture, Volume 68, Issue 2, 2009, 10：200 – 206.

［31］ 李国成，吴涛，徐沈. 灰色人工神经网络人口总量预测模型及应用［J］. 计算机工程与应用，2009，No. 45 （16）：215 – 218.

［32］ Feldman R, Dagan I. Kdt – knowledge discovery in texts［C］. In Proceedings of the Fist International Conference on Knowledge Discovery and Data Mining (KDD), Canada, 1995：112 – 117.

［33］ 胡运发，数据与知识工程导论［M］. 北京：清华大学出版社，2003.

［34］ Wendi Bukowitz. 知识管理［M］. 杨南该，译. 北京：中国人民大学出版社，2005.

［35］ 张玲玲，李军，石勇，等. 基于数据挖掘的智能知识管理模型框架研究［J］. 中国管理科学，2009 （17）：620 – 624.

［36］ 吴志丹. 基于知识发现和知识管理的决策支持系统研究［J］. 科技管理研究，2010 （5）：146 – 147.

［37］ N. Ur – Rahman. J. A. Harding. Textual data mining for industrial knowledge management and text classification：A business oriented approach［J］. Expert Systems With Applicatiions, 2012 （39）：4729 – 4739.

［38］ Christie M. Fuller, David P. Biros, Dursun Delen. An investigation of data and text minin methods for real world deception detection［J］. Expert Systems with Applications. , 2011 （38）：8392 – 8398.

［39］ Vineet R. Khare, Rahul Chougule. Decesion support for improved service effectivenness using domain aware text mining［J］. Knowledge – Based Systems, 2012 （33）：29 – 40.

［40］ Robert P. Schumaker, Yulei Zhang, Chun – Neng Huang , et al. Evaluating sentiment in financial news articles［J］. Decision Support Systems, 2012 （34）：2038 – 2049.

［41］ Nan Li , Desheng Dash Wu. Using text mining and sentiment analysis for online forums hotspot detection and forecast［J］. Decision Support Systems, 2010, （48）：354 – 368.

［42］ MarkCecchini, Haldun Aytug, Gary J. Koehler. Making words work：Usingfinancial text as a predictor of financial events［J］. Decision Support Systems, 2010, （50）：164 – 175.

［43］ Cheng, Shou – Hsing. Forecasting the change of intraday stock price by using text miningnews of stock［C］. Machine Learning and Cybernetics (LCMLC), 2010：2605 – 2609.

［44］ Marcio de Miranda Santo, Gilda Massari Coelho. Text mining as a valuable tool inforesight exercises：A study on nanotechnology ［J］. Technological Forecasting and Social Change，2006，（73）：1013 - 1027.

［45］郑艳超. 基于数据挖掘的竞争情报与知识管理融合模型研究 ［J］. 图书馆学研究，2010 （9）：28 - 31.

［46］张超群，郑建国，钱洁. 基于本体的企业知识发现系统架构 ［J］. 情报杂志，2010，29 （12）：103 - 107.

［47］吴应良，周波，罗程. 一种面向管理对象的知识管理系统解决方案 ［J］. 计算机应用研究，2009，26 （1）：182 - 184.

［48］王峥，王彦庆. 客户知识管理的数据挖掘方法研究 ［J］. 哈尔滨工业大学学报，2009，11 （5）：113 - 118.

［49］刘秀丽，刘华. 知识挖掘在建设工程合同管理中的应用 ［J］. 工程管理，2010 （4）：198 - 199.

［50］刘黎. 顾客知识挖掘与转移的流程探究 ［J］. 中国集体经济，2010 （5）：71 - 72.

［51］温茵茵. IT 项目中隐性知识的挖掘与转移 ［J］. 科技情报开发与经济，2010，20 （27）：115 - 118.

［52］余肖生，孙珊. 基于信息抽取的文本知识挖掘模型研究 ［J］. 情报科学，2010，28 （5）：776 - 779.

［53］将国瑞，柳中胜，黄梯云. 基于文本挖掘的 TBT 预警系统实证研究 ［J］. 科技进步与对策，2009 （10）：173 - 176.

［54］王众托. 创建知识系统工程学科 ［J］. 中国工程科学，2006 （12）：1 - 9.

［55］金菁. 基于改进的聚类平均信息量文本数据挖掘算法研究 ［J］. 计算机应用研究，2012 （3）：981 - 983

［56］李芳，朱群雄. 文本挖掘技术在科研信息自动建议中的应用 ［J］. 计算机工程与应用，2011，47 （10）：118 - 119

［57］王众托. 知识系统工程与现代科学技术体系 ［J］. 上海理工大学学报，2011，33 （6）：613 - 630

［58］北京市统计局，国家统计局北京调查总队. 2014 年北京市人口发展变化情况及特点 ［DB/OL］. ［2015 - 06 - 18］. http：//www. bjstats. gov. cn/sjfb/bssj/ndsj/ndsjfpfb/2014n/201506/t20150618_ 294572. Htm.

［59］沈巍，刘慧丽. 北京市人口增长原因及其调控对策研究 ［J］. 当代经济，2015，05：6 - 10.

［60］纪睿坤. 北京首次发布人口分布数据：半数人口住五环外 ［N］. 21 世纪经济报道，2015 - 05 - 25006.

［61］尹德挺，闫萍，杜鹃. 北京人口发展研究报告 （2013） ［J］. 新视野，2013，06：90 - 94.

[62] 童玉芬. 首都人口增长新特点新趋势 [J]. 人民论坛, 2015, 16: 53 - 55.

[63] 清华大学社会学系课题组. 北京市人口预测研究 [J]. 北京规划建设, 2012, 04: 69 - 75.

[64] 北京市规划委员会. 流动人口增长与首都发展相协调问题研究 [J]. 首都综治论坛, 2010: 285 - 292.

[65] 徐剑. 中国人口政策效果分析 [D]. 吉林: 吉林大学, 2010.

[66] 瞿凌云. 人口政策的经济效应分析———基于人口数量与质量替代效应的视角 [J]. 人口与经济, 2013, (5): 24 - 32.

[67] 杨菊华. 城乡差分与内外之别: 流动人口社会保障研究 [J]. 人口研究, 2011, 35 (5): 8 - 25.

[68] 肖周燕, 郭开军, 尹德挺. 我国流动人口管理体制改革的决定机制及路径选择 [J]. 人口研究, 2009, 33 (6): 94 - 101.

[69] 黄匡时, 王书慧. 从社会排斥到社会融合: 北京市流动人口政策演变 [J]. 南京人口管理干部学院学报, 2009 (7): 29 - 33.

[70] 苏杨, 尹德挺, 黄匡时. 改革开放 30 年中国人口政策回顾与展望 [J]. 北京社会科学, 2008 (5): 73.

[71] 王向明. 人口迁移和流动对人口城镇化进程的影响 [J]. 人口与经济, 1988, (2): 19 - 24.

[72] 李立宏. 中国人口迁移的影响因素浅析 [J]. 西北人口, 2000, (2): 37 - 40.

[73] 曹丽. 中国人口分布及影响因素分析 [D]. 吉林: 吉林大学, 2012.

[74] 尹德挺, 张子谏. 首都人口问题的国际比较及其启示 [J]. 学术天地, 2013, (9): 68 - 71.

[75] 尹德挺, 张子谏. 发达国家的首都人口: 问题、经验及其对北京的启示 [R]. 2012: 学术前沿论丛——科学发展: 深化改革与改善民生, 2012 - 12 - 01.

[76] 沈巍, 宋玉坤. 人口预测方法的现状、问题与改进对策 [J]. 统计与决策, 2015, 12: 4 - 9.

[77] 马尔萨斯. 人口论 [M]. 北京: 北京大学出版社, 2008.

[78] Logistic function, http://en. wikipedia. org/wiki/Logistic_ function (2013/11/19).

[79] E. Seneta. Markov and the Birth of Chain Dependence [J]. International Statiscical Review (3), 1966, 64: 255 - 263.

[80] StevenOrey. Markov Chains With Stochastically Stationary Transition Probabilities [J]. The Annals of Probability, 1991, 19 (3): 907 - 928.

[81] 李永胜. 人口预测中的模型选择与参数认定 [J]. 财经科学, 2004, (2): 68 - 72.

[82] Keyfitz N, Caswell H, Caswell H. Applied mathematical demography [M]. New York:

Springer, 2005.

[83] 赵丽棉, 黄基庭. 基于 Leslie 模型的中国人口发展预测与分析 [J]. 数学的实践与认识, 2010, 40 (23): 101 – 106.

[84] 朱兴造, 庞飞宇. 自回归及 logistic 离散模型在中国人口预测中的应用 [J]. 统计与决策, 2009, (13): 157 – 159.

[85] 宋健. 人口预测和人口控制 [M]. 北京: 科学出版社, 1982.

[86] 蒋远营, 王想. 人口发展方程模型在我国人口预测中的应用 [J]. 统计与决策, 2011, (15): 52 – 54.

[87] JAVADGholamnejad, NARGES Tayarani. Application of artificial neural networks to the prediction of tunnel boring machine penetration rate [J]. Science Direct (Mining Science and Technology), 2010, 20 (5): 727 – 733

[88] 沈巍. 股指波动预测模型的方法研究及应用 [M]. 北京: 知识产权出版社, 2011.

[89] Er M J, Wu S, Lu J, et al. Face recognition with radial basis function (RBF) neural networks [J]. Neural Networks, IEEE Transactions on, 2002, 13 (3): 697 – 710.

[90] 邓聚龙. 灰色系统基本方法 [M]. 武汉: 华中科技大学出版社, 2005.

[91] 马寅初. 新人口论 [M]. 长春: 吉林人民出版社, 1997.

[92] 潘大志, 刘志斌. Logistic 生物微分模型在人口预测中的应用 [J]. 统计与决策, 2009, (20): 157 – 158.

[93] 代涛, 徐学军, 黄显峰. 离散 Logistic 人口增长预测模型研究 [J]. 三峡大学学报 (自然科学版), 2010, 32 (5): 102 – 105.

[94] 王晓皋. 用矩阵乘法预测人口 [J]. 人口研究, 1984, (6): 52 – 56.

[95] 郝永红, 王学萌. 灰色动态模型及其在人口预测中的应用 [J]. 数学的实践与认识, 2002, 32 (5): 813 – 820.

[96] 门可佩, 官琳琳, 尹逊震. 基于两种新型灰色模型的中国人口预测 [J]. 经济地理, 2007, 27 (6): 942 – 945.

[97] 卞焕清, 夏乐天. 基于灰色马尔可夫链模型的人口预测 [J]. 数学的实践与认识, 2012, 42 (7): 127 – 132.

[98] 吴劲军. 人口预测的 BP 神经网络模型 [J]. 理论新探, 2004, (3): 4 – 5.

[99] 韦艳, 张力. "数字乱象" 或 "行政分工": 对中国流动人口多元统计口径的认识 [J]. 人口研究, 2013, 37 (4): 56 – 65.

[100] Holland J H. Adaptation in Natural and Artificial Systems: an introductory analysis with applications to biology, control, and artificial intelligence, Ann Arbor [J]. Control & Artificial Intelligence University of Michigan Press, 1975.

[101] 王志美, 陈传仁. 遗传算法理论及其应用发展 [J]. 内蒙古石油化工, 2006, 09:

44 – 45.

[102] Fukuyama Y. Fundamentals of particle swarm optimization techniques [J]. Modern heuristic optimization techniques: theory and applications to power systems, 2008: 71 – 87.

[103] 杨维, 李歧强. 粒子群优化算法综述 [J]. 中国工程科学, 2004, 05: 87 – 94.

[104] Storn R, Price K. Differential evolution – a simple and efficient adaptive scheme for global optimization over continuous spaces [M]. Berkeley: ICSI, 1995.

[105] Price K, Storn R M, Lampinen J A. Differential evolution: a practical approach to global optimization [M]. Springer Science & Business Media, 2006.

[106] Vesterstrom J, Thomsen R. A comparative study of differential evolution, particle swarm optimization, and evolutionary algorithms on numerical benchmark problems [C]. Evolutionary Computation, 2004. CEC2004. Congress on. IEEE, 2004, 2: 1980 – 1987.

[107] Frawley W J, Piatetsky – Shapiro G, Matheus C J. Knowledge discovery in databases: An overview [J]. AI magazine, 1992, 13 (3): 57.

[108] Fayyad U M, Piatetsky – Shapiro G, Smyth P, et al. Advances in knowledge discovery and data mining [J]. 1996.

[109] Fayyad U, Piatetsky – Shapiro G, Smyth P. From data mining to knowledge discovery in databases [J]. AI magazine, 1996, 17 (3): 37.

[110] Hastie T, Tibshirani R, Friedman J, et al. The elements of statistical learning: data mining, inference and prediction [J]. The Mathematical Intelligencer, 2005, 27 (2): 83 – 85.

[111] 韩家炜, 坎伯. 数据挖掘: 概念与技术 [J]. 北京: 机械工业出版社, 2001.

[112] StephaniePrato. What is Text Mining [J/OL]. Information Space, 2013.

[113] Marti A. Hearst. Untangling Text Data Mining [R]. Proceedings of ACL99: the 37th Annual Meeting of the Association for Computational Linguistics, University of Maryland, June 20 – 26, 1999.

[114] Ronen Feldman, James Sanger. The Text Mining Handbook [M]. New York: Cambridge University Press, 2007

[115] Usama Fayyad, Gregory Piatetsky – Shapiro, Padhraic Smyth. From Data Mining to Knowledge Discovery in Databases [J]. Association for the Advancement of Artificial Intelligence, 1996, 17 (3): 37 – 54.

[116] 王丽坤, 王宏, 陆玉昌. 文本挖掘及其关键技术与方法 [J]. 算机科学, 2002, 29 (12): 12 – 19.

[117] 刘晓志. 文本预处理及其在多类分类中的应用 [D]. 北京: 北京交通大学, 2006.

[118] Tan, A. – H. Text Mining: the State of the Art and the Challenges [R]. In: Proceedings of PAKDD 1999 Workshop on Knowledge discovery from Advanced Databases, Beijing,

1999：71 – 76．

[119] Pal M, Mather P M. An assessment of the effectiveness of decision tree methods for land cover classification [J]．Remote sensing of environment, 2003, 86 (4)：554 – 565.

[120] Wang X, Liu X, Pedrycz W, et al. Fuzzy rule based decision trees [J]．Pattern Recognition, 2015, 48 (1)：50 – 59.

[121] Quinlan J R. Simplifying Decision Trees [J]．International Journal of Man – Machine Studies, 1987, 27 (3)：221 – 234.

[122] 汪江龙．首都城市功能定位与产业发展互动关系研究 [J]．首都经济论坛, 2011, 26 (4)：23 – 27.

[123] 陈剑．首都城市功能提升与现代服务业的发展 [J]．前线, 2006, (6)：39 – 40.

[124] 张菊, 苗鸿, 欧阳志云, 等．近 20 年北京市城近郊区环境空气质量变化及其影响因素分析 [J]．环境科学学报, 2006, 26, (11)：1186 – 1192.

[125] 北京市统计局．北京统计年鉴 (2013) [M]．北京：中国统计出版社, 2014.

[126] 黄匡时．改革开放以来北京市流动人口研究回顾与展望 [J]．北京社会科学, 2008, (5)：72 – 79.

[127] Norden R H. On the distribution of the time to extinction in the stochastic logistic population model [J]．Advances in Applied Probability, 1982：687 – 708.

[128] Davidian M, Giltinan D M. Nonlinear Models for Repeated Measurement Data [J]．Journal of Agricultural Biological & Environmental Statistics, 1995, 8 (4)：387 – 419.

[129] Booth H. Demographic forecasting：1980 to 2005 in review [J]．International Journal of Forecasting, 2006, 22 (3)：547 – 581.

[130] 尹德挺．首都人口调控难点在哪里？[N]．北京日报, 2014 – 12 – 29 (020).

[131] 张先兵．北京市流动人口调控管理的现状与对策 [J]．生产力研究, 2013, 02：128 – 131, 201.

[132] 林宝．北京人口调控要厘清八大关键问题 [J]．北京社会科学, 2015, 03：47 – 53.

[133] 国家发改委城市和小城镇改革发展中心课题组．北京人口调控该往哪走？[N]．光明日报, 2014 – 05 – 27 (011).

[134] 叶立梅．北京城市人口规模及其调控思路 [J]．前线, 2001, 10：40 – 42.

[135] 冯晓英．北京人口规模调控管见 [J]．前线, 2005, 11：54 – 55.

[136] 马仲良, 潘银苗, 赫军, 等．调控北京人口规模的有效途径 [J]．前线, 2007, 02：40 – 42.

[137] 孟斯硕．北京将利用经济手段调控人口 [N]．第一财经日报, 2009 – 01 – 14 (A16).

[138] 朱生志．首都人口调控路在何方？[J]．北京观察, 2014, 04：40 – 43.

[139] 姚兵. 关于首都人口规模调控的思考 [J]. 前线, 2015, 05: 86 – 88.

[140] 王培安. 中国特大城市人口规模调控研究报告 [M]. 北京: 中国发展出版社, 2014.

[141] 赵秀池. 北京市优质公共资源配置与人口疏解研究 [J]. 人口研究, 2011, 35 (4): 76 – 85.

[142] 张耀军, 陈伟, 张颖. 区域人口均衡: 主体功能区规划的关键 [J]. 人口研究, 2010, 34 (4): 8 – 19.

[143] 邵律, 张建. 京津冀协同发展上升到国家层面 [J]. 上海经济, 2014 (2).

[144] 张云, 窦丽琛, 高钟庭. "京津冀协同发展: 机遇与路径学术研讨会" 综述 [J]. 经济与管理, 2014, 28 (2).

[145] 倪广天. 对西安市统筹城乡协调发展中人口政策的思考 [J]. 人口与计划生育, 2012 (8): 25 – 26.

[146] 辜胜阻. 借力 "双转移" 推动就地城镇化 [J]. 农村工作通讯, 2015, 03: 50.